とちぎ花ハイキング

写真・文 小杉国夫

花を楽しむ全70コース

下野新聞社

春 SPRING

とちぎ花ハイキング
目次

星野＊栃木市星野町＊セツブンソウ	10
蝋梅の里＊鹿沼市上永野＊ロウバイ	12
大山田下郷＊那珂川町大山田下郷＊フクジュソウ	13
西渓園＊足利市西宮町＊ウメ	14
富山＊那珂川町富山＊イワウチワ	16
万葉自然公園かたくりの里＊佐野市町谷町＊カタクリ	18
みかも山公園＊栃木市岩舟町下津原＊カタクリ	20
カタクリ山公園＊那珂川町三輪＊カタクリ	22
栃木植物園大柿花山＊栃木市都賀町大柿＊モモ・ツバキ	24
花の山＊茂木町小山＊ハナモモ・サクラ・レンギョウ	26
宇都宮市内各所＊宇都宮市＊サクラ	28
古賀志山麓＊宇都宮市古賀志町＊サクラ	29
清水寺〜晃石山＊栃木市大平町西山田＊サクラ	30
天平の丘公園＊下野市国分寺＊サクラ	32
つがの里＊栃木市都賀町臼久保＊サクラ	33
鎌倉山＊茂木町九石＊サクラ	34
思川堤＊小山市＊サクラ	36
日光市内桜名木＊日光市稲荷町〜御幸町＊サクラ	37
日の出平＊那須町＊サクラ	38
那須フラワーワールド＊那須町豊原丙＊チューリップ	40
とちぎわんぱく公園＊壬生町国谷＊チューリップ	42
芝ざくら公園＊市貝町見上＊シバザクラ	43
あしかがフラワーパーク＊足利市迫間町＊フジ	44
芭蕉の里・黒羽＊大田原市前田〜黒羽田町＊ボタン	46
明智平＊日光市細尾町＊アカヤシオ	48
月山＊日光市佐下部＊アカヤシオ	50
石裂山＊鹿沼市上久我＊アカヤシオ	52
中ノ大倉尾根＊那須町＊シロヤシオ	54
社山＊日光市＊シロヤシオ	56
中禅寺湖畔＊日光市＊トウゴクミツバツツジ	58
那須平成の森＊那須町高久丙＊トウゴクミツバツツジ	60
横根山＊鹿沼市上粕尾＊トウゴクミツバツツジ	62
霧降高原つつじが丘＊日光市所野＊ヤマツツジ	64
八幡つつじ園地＊那須町湯本＊ヤマツツジ	66
八方ヶ原＊矢板市伊佐野＊レンゲツツジ	68
湯ノ湖＊日光市湯元＊アズマシャクナゲ	70

夏 SUMMER

井頭公園＊真岡市下籠谷＊バラ	74
古峯園＊鹿沼市草久＊ハナショウブ	75
戦場ヶ原〜光徳沼＊日光市＊ズミ・ワタスゲ	76
小田代原＊日光市＊アヤメ・ノハナショウブ	78
太平山あじさい坂＊栃木市平井町＊アジサイ	80
千手ヶ浜＊日光市＊クリンソウ	82
上三依水生植物園＊日光市上三依＊クリンソウ	84
庚申山＊日光市足尾町＊コウシンソウ	86
霧降高原キスゲ平＊日光市所野＊ニッコウキスゲ	88
沼ッ原湿原＊那須塩原市板室＊ニッコウキスゲ	90
うつのみや遺跡の広場＊宇都宮市上欠町＊ニッコウキスゲ	92
那須街道アカマツ林＊那須町高久甲＊ヤマユリ	93
ハンターマウンテンゆりパーク＊那須塩原市湯本塩原＊ユリ	94
戦場ヶ原〜小田代原＊日光市＊ホザキシモツケ	96
鬼怒沼＊日光市川俣＊コバイケイソウ	98
田代山＊日光市・南会津町＊キンコウカ	100
南月山＊那須町＊コキンレイカ	102
日光白根山＊日光市＊ハンゴンソウ	104
野木＊野木町野木＊ヒマワリ	106
益子＊益子町上山＊ヒマワリ	107

秋 AUTUMN

花之江の郷＊栃木市都賀町大柿＊オミナエシ	110
大平町の水田＊栃木市大平町川連＊ホテイアオイ	112
出流ふれあいの森＊栃木市出流町＊シュウカイドウ	113
みのざわ彼岸花の里＊那須町蓑沢＊ヒガンバナ	114
常楽寺＊鹿沼市下粕尾＊ヒガンバナ	115
鬼怒グリーンパーク＊高根沢町宝積寺＊コスモス	116
朝日岳〜姥ヶ平＊那須町＊紅葉	118
半月山〜中禅寺湖＊日光市＊紅葉	120
西ノ湖〜中禅寺湖＊日光市＊紅葉	122
瀬戸合峡＊日光市川俣＊紅葉	124
塩原渓谷＊那須塩原市＊紅葉	126
龍王峡＊日光市藤原＊紅葉	128
大芦渓谷＊鹿沼市草久＊紅葉	130
蓬莱山＊佐野市作原町＊紅葉	131

本書の使い方	5
とちぎ花マップ	6
索引	132
ハイキング7訓	134

はじめに

栃木県は花天国。
日光・那須を代表に山や高原に咲くお花畑、
そして低山〜平地の自然の中にも四季おりおりの花が咲く。

さらに県内各地にある公園にもお花畑が植栽され、
近年、花をテーマにした植物園もつぎつぎと誕生している。

花を見て気分を悪くする人はいないだろうし、
花を訪ねて歩けば、気分爽快、さらに健康にも良い。

本書では県内の花名所を訪ねて、歩くコースを厳選した。
コースの歩行時間などによって、
散歩、ハイキング、登山に分けたが、
それぞれ各人の体力や目的に合わせて、
現地を歩いていただきたい。

本書を片手に「とちぎ花ハイキング」を楽しみ、
栃木県の花の魅力を再発見していただければ幸いである。

小杉 国夫

【本書の使い方】

1. 施設名、またはその花が見られる地名を記しています。住所は特に記載のないものは、すべて栃木県内のものです。

2. 見頃時期…紹介場所での花の見頃時期です。
   ランク分け…散歩・ハイキング・登山の3つに分けました。
   入園料金・定休日などは、時期により変動する場合があります。
   交通…最寄のインター、インターから花の名所までの主なルートと所要時間を示しました。

3. 見どころの紹介です。概要がわかります。

4. 紹介する花の豆知識です。

5. 写真を撮る際のポイントやアドバイスなど、知れば腕が上がります。

6. 本書でお勧めするモデルコースです。コースは特に設定せず、散策する場合は散策案内としました。

7. 案内地図です。コースのルートや車道、トイレや駐車場などが一目でわかります。

8. 近くの花名所や、他の季節の花など、プラスαの情報を載せました。

※P134「ハイキング七訓」も併せてご覧ください。
※本書に掲載されているデータは2020年6月現在のものです。料金の詳細などは各施設にお問い合わせください。

とちぎ花マップ

県内エリア別 花マップ

●足利市
ウメ	西渓園	14
フジ	あしかがフラワーパーク	44

●市貝町
シバザクラ	芝ざくら公園	43

●宇都宮市
サクラ	宇都宮市内各所	28
サクラ	古賀志山麓	29
ニッコウキスゲ	うつのみや遺跡の広場	92

●大田原市
ボタン	芭蕉の里・黒羽	46

●小山市
サクラ	思川堤	36

●鹿沼市
ロウバイ	蝋梅の里	12
アカヤシオ	石裂山	52
トウゴクミツバツツジ	横根山	62
ハナショウブ	古峯園	75
ヒガンバナ	常楽寺	115
紅葉	大芦渓谷	130

●佐野市
カタクリ	万葉自然公園かたくりの里	18
紅葉	蓬莱山	131

●下野市
サクラ	天平の丘公園	32

●高根沢町
コスモス	鬼怒グリーンパーク	116

●栃木市
セツブンソウ	星野	10
カタクリ	みかも山公園	20
モモ・ツバキ	栃木植物園大柿花山	24
サクラ	清水寺～晃石山	30
サクラ	つがの里	33
アジサイ	太平山あじさい坂	80
オミナエシ	花之江の郷	110
ホテイアオイ	大平町の水田	112
シュウカイドウ	出流ふれあいの森	113

●那珂川町
フクジュソウ	大山田下郷	13
イワウチワ	富山	16
カタクリ	カタクリ山公園	22

●那須町
サクラ	日の出平	38
チューリップ	那須フラワーワールド	40
シロヤシオ	中ノ大倉尾根	54
トウゴクミツバツツジ	那須平成の森	60
ヤマツツジ	八幡つつじ園地	66
ヤマユリ	那須街道アカマツ林	93
コキンレイカ	南月山	102
ヒガンバナ	みのざわ彼岸花の里	114
紅葉	朝日岳～姥ヶ平	118

●那須塩原市
ニッコウキスゲ	沼ッ原湿原	90
ユリ	ハンターマウンテンゆりパーク	94
紅葉	塩原渓谷	126

●日光市
サクラ	日光市内桜名木	37
アカヤシオ	明智平	48
アカヤシオ	月山	50
シロヤシオ	社山	56
トウゴクミツバツツジ	中禅寺湖畔	58
ヤマツツジ	霧降高原つつじが丘	64
アズマシャクナゲ	湯ノ湖	70
ズミ・ワタスゲ	戦場ヶ原～光徳沼	76
アヤメ・ノハナショウブ	小田代原	78
クリンソウ	千手ヶ浜	82
クリンソウ	上三依水生植物園	84
コウシンソウ	庚申山	86
ニッコウキスゲ	霧降高原キスゲ平	88
ホザキシモツケ	戦場ヶ原～小田代原	96
コバイケイソウ	鬼怒沼	98
キンコウカ	田代山	100
ハンゴンソウ	日光白根山	104
紅葉	半月山～中禅寺湖	120
紅葉	西ノ湖～中禅寺湖	122
紅葉	瀬戸合峡	124
紅葉	龍王峡	128

●野木町
ヒマワリ	野木	106

●益子町
ヒマワリ	益子	107

●壬生町
チューリップ	とちぎわんぱく公園	42

●真岡市
バラ	井頭公園	74

●茂木町
ハナモモ・サクラ・レンギョウ	花の山	26
サクラ	鎌倉山	34

●矢板市
レンゲツツジ	八方ヶ原	68

春
はる

SPRING

- セツブンソウ
- ロウバイ
- フクジュソウ
- ウメ
- イワウチワ
- カタクリ
- モモ
- ツバキ
- ハナモモ
- レンギョウ
- サクラ
- チューリップ
- シバザクラ
- フジ
- ボタン
- アカヤシオ
- シロヤシオ
- トウゴクミツバツツジ
- ヤマツツジ
- レンゲツツジ
- アズマシャクナゲ

明智平＊アカヤシオ

春 はる 栃木市

星野 <small>ほしの</small> 栃木市星野町
●セツブンソウを見に行こう

見頃時期…2月下旬〜3月中旬　ハイキング　歩行時間…約2時間　★★☆

■問合せ　ＴＥＬ：0282-25-2356（栃木市観光協会）
■交　通　栃木ＩＣより県道32号で約15分

セツブンソウ群生地

花と遺跡と自然を楽しむ

星野町は清流・永野川を挟んで山々に囲まれた"花と遺跡の里"である。南西側にそびえる三峰山は石灰岩質の山で、山麓の土手にはセツブンソウが自生し、全国的にも数少ない貴重な群生地である。一帯は「四季の森星野」として整備保護され、早春に咲くロウバイをはじめ、樹木の花も数多く見られる。一方、川の反対側の山麓に星野自然村が整備され、4月上旬頃、カタクリの花が見られ、近くには石器〜縄文時代の星野遺跡もある。

セツブンソウ（キンポウゲ科） 豆知識
名の由来は節分の頃から咲く草。自生は局地的で数少なく、県内では他に佐野市（旧葛生町）柿平が知られる。花弁状の白いがく片は5枚、本来の花弁は退化して黄色の蜜腺となっている。北アメリカ原産の黄花セツブンソウもある。

カメラ上達法指南

コツとポイント

カメラアングルはなるべく低く。草丈10cm以下なので、上からのぞけるファインダーがあると便利。土手の斜面を利用して下から撮れる場所を選ぶのもひとつのポイント。

10

群生地への入口

紅梅も咲く自生地

モデルコース

1	県道沿いP
	0:10
2	四季の森星野一周　0:40
	0:30
3	星野自然村
	0:10
4	星野遺跡公園
	0:30
1	県道沿いP

セツブンソウ自生地の四季の森は、全体に平たんコースで歩きやすい。ただし、歩道と自生地はロープで区切られているので、中に入らないよう注意。休憩施設もあり、地元の人から情報収集もできる。自然村は永野川を渡ってゆるやかな坂道を上った民家の裏手の雑木林にあり、星野遺跡公園までは車でも移動できる。

カタクリ群生地

Ⓐ…細長い土手にセツブンソウが多数自生。すぐ近くで見られる
Ⓑ…花時期に茶店オープン。ひと息つける
Ⓒ…ロウバイ、モモ、サクラ等の花木が多い
Ⓓ…ウメ林の下にキツネノカミソリが群生
Ⓔ…雑木林の下にカタクリが自生。ショウジョウバカマ、ミスミソウ、ザゼンソウ等も見られる
Ⓕ…清流永野川の河川敷。広い芝生もある

星野遺跡公園

他の季節の花

ロウバイ…四季の森で2月頃に最初に咲く樹木の花。同じ頃にマンサクも見られる。

キツネノカミソリ…ウメ林の下に群生し、8月中旬～下旬に一面、橙紅色の花を咲かせる。同じ頃にナツズイセンも見られる。

近くの花名所

三峰山の登山口となる御嶽山神社（鹿沼市下永野）にはシダレウメの古木があり、3月中旬頃に見頃となる。

春 はる　鹿沼市

ろうばいのさと
蝋梅の里　鹿沼市上永野273
● ロウバイを見に行こう

見頃時期…1月～3月　　散　歩　　歩行時間…1時間以内　★☆☆

- ■問合せ　ＴＥＬ：090-1124-2281（蝋梅の里事務所）　■入園料　300円
- ■交　通　栃木ＩＣより県道32号を経由して約20分

ロウバイが咲く園内と三峰山

早春はロウバイの香りにのって

永野川上流部の山間地にあり、冬から早春の時期、4種類のロウバイが見られる県内唯一の植物園である。広さ約1.3ヘクタールの園内に約600株、約3000本が植栽されて、代表的な種類の素心、満月と基本種、原種があり、甘い香りを漂わせ、ひと足早い春の訪れを感じさせてくれる。散策路は園内を一周できるよう整備され、マットも敷かれて歩きやすい。また奥には展望台も設置され、ロウバイ畑が一望でき、背景には三峰山も望まれる。

近くの花名所

永野川沿いや近くの思川沿いの上流部にはネコヤナギが自生し、早春の3月頃、綿毛につつまれた可愛い花が見られる。

ロウバイ（ロウバイ科） 豆知識

名の由来は蝋細工のような透明感があり、梅に似た花を咲かせることから。中国原産の落葉低木で観賞用に植えられる。花は直径1～2cm、16枚の花びらがらせん状につき、やや下向きに開く。開花期間は長い。

カメラ上達法指南

コツとポイント　ロウバイの咲く時期は雪の降る日があり、絶好のシャッターチャンスとなる。ただし太陽の日がさすと、すぐに雪が溶けてしまうので、なるべく早い時間帯に撮影するのが良い。

大山田下郷　那珂川町大山田下郷
●フクジュソウを見に行こう

見頃時期…2月下旬〜3月中旬　　散　歩　　歩行時間…1時間以内　★☆☆

■問合せ　ＴＥＬ：0287-92-5757（那珂川町観光協会）
■交　通　那珂川町役場より県道52号〜国道461号を経由して約15分

土手に群生するフクジュソウ

数少ない自然の自生地

那珂川町北東部、武茂川沿いの八溝山中に、県内では数少ないフクジュソウの自生地がある。御前岩の近く、高野さん宅の土手に群生し、その面積約300㎡、昔からの自然の姿を大切に保護しつつ、一周する歩道と土手の上に休憩所も整備されている。花はすぐ近くで観察できるが、天気の良い日の昼間だけ開く。また、フクジュソウは旧馬頭町の町花で、山中に他にも自生地が残っており、大田原市雲岩寺地区にある自生地が知られる。

近くの花名所

那珂川町中心部にある乾徳寺には珍しい白フジの古木があり、4月の花時期には境内にシャガの群落も見られる。

フクジュソウ（キンポウゲ科）豆知識
名の由来は新年を祝う花として用いられたので、福寿と付いた。昔から品種改良されて多くの園芸品があるが、逆に自然の自生地は少ない。花は直径3〜4cm、日が当たり気温が上がると開く。葉は花後に大きく伸びる。

カメラ上達法指南

コツとポイント　フクジュソウの花は天気がよくて気温が上がる午前9時以後でないときれいに開かないので注意。また、貴重な自生地なので、撮影のとき踏みつけないよう注意。

春　那珂川町

春はる　足利市

西渓園　足利市西宮町 3855
さいけいえん
● ウメを見に行こう

見頃時期…3月上旬〜下旬　　**ハイキング**　　歩行時間…約2時間30分　★★☆

■問合せ　TEL：0284-43-3000（足利市観光協会）
■交　通　足利ICより国道293号を経由して約15分

谷間にある梅林

真っ白に咲く梅林は県下最大の規模

県内にウメの名所は多数あるが、足利市街地北側にある西渓園は最大の規模を誇り、その面積約3ヘクタールに約1200本が植栽されている。梅林の近くまで車でも行けるが、織姫公園を基点として両崖山を経由してのハイキングコースが組める。織姫公園は市民の憩いの場で、そこからの尾根歩きは展望も良い人気のコース。早春の日だまりの中、ひと汗かく頃、一面真っ白に咲く梅林を楽しめる。

ウメ（バラ科）　豆知識
中国原産の落葉小高木。食用、または観賞用に古くから広く栽培され、多くの園芸品種があり、花色も白色〜紅色まで多数。西渓園ではもともと、地元企業が実を採取するために栽培されていた。

カメラ上達法指南

コツとポイント
梅林の中に入ると周辺は見渡せないが、上部に全体を見渡せる撮影ポイントがある。また両崖山の展望台からもやや遠くなるが、周辺の山並みも含めて見渡せる。

14

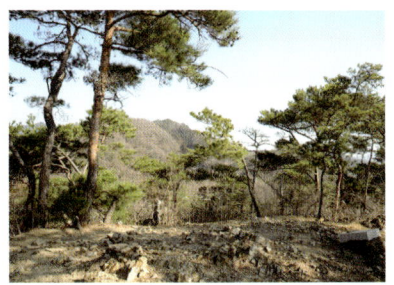

尾根沿いの道を歩く

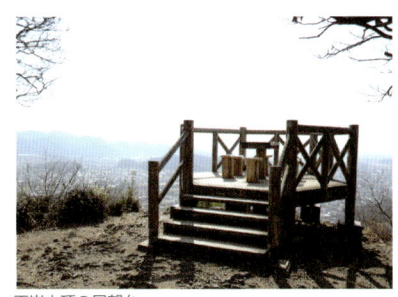

両崖山頂の展望台

モデルコース

1 織姫公園P
　0：30
2 鏡岩
　0：40
3 両崖山
　0：30
4 西渓園
　0：20
5 長林寺
　0：30
1 織姫公園P

織姫公園から両崖山へは、マツと雑木林の尾根道で、いつも多くのハイカーが歩いている。両崖山は標高251m、山頂には足利城跡があり、展望台からは市街地と関東平野が一望でき、眼下に真っ白な西渓園も見える。西渓園内には歩道が整備され、自由散策できる。西渓園からは車道を歩いて長林寺を経由して織姫公園に戻る。

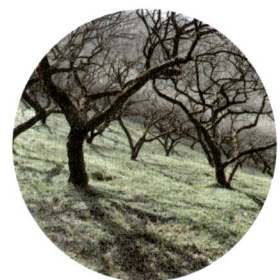

手入れされた梅林

N
両崖山
西渓園
文
西宮神社
鏡岩
長林寺
織姫公園
織姫神社
足利市役所
Ⓐ…足利市街地、関東平野を見渡せる
Ⓑ…マツと雑木林の尾根道、多少登り下りがある
Ⓒ…急坂を登り切ると展望の良い山頂、奥に足利城跡がある
Ⓓ…西渓園へ下る分岐、分かりにくいので注意
Ⓔ…広い梅林の中に上下２本の歩道がある
Ⓕ…急な階段を登ると織姫公園内に入る
道標
男女別トイレ
バリアフリートイレ
駐車場
車道
歩道
コース
車道を歩くコース

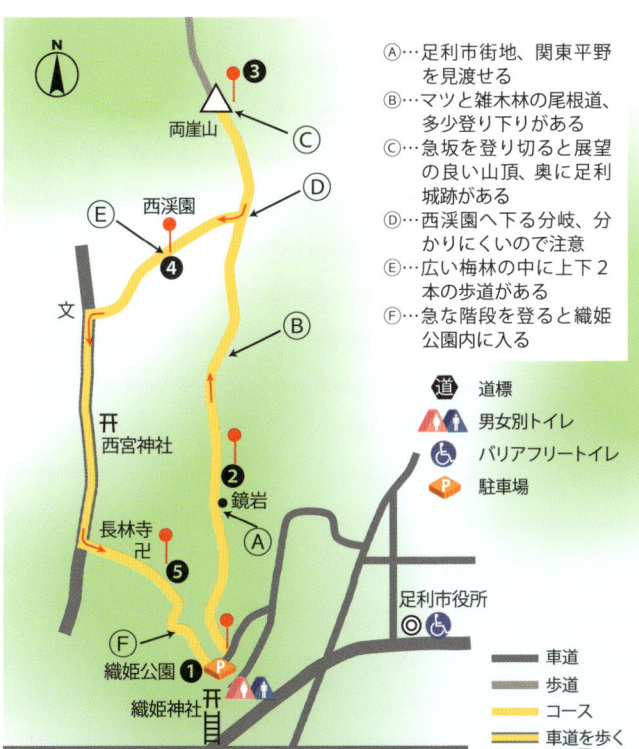

近くの梅林

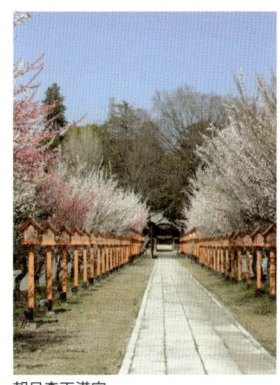

朝日森天満宮

隣の佐野市天神町にある朝日森天満宮、菅原道真が祀られた神社として知られ、社殿に続く石畳の道の両側に、紅白のウメが咲きそろう。同じく佐野市の唐沢山南麓には梅林公園があり、ウメと蛍の里として人気がある。

春 那珂川町

富山（とみやま） 那珂川町富山
●イワウチワを見に行こう

見頃時期…3月下旬〜4月上旬　　**ハイキング**　歩行時間…約2時間　★★☆

■問合せ　ＴＥＬ：0287-92-5757（那珂川町観光協会）　■入山料　200円
■交　通　那珂川町役場より県道27号を経由して約15分

ヒノキ林内の群生地

かわいらしいピンクの花。大切にしたい大群生地

那珂川町の南部、那珂川から東へ八溝山中の富山地区に、イワウチワの大群生地がある。以前、県内各地の山に自生地が数多くあったが、乱獲によって激減してしまったのが現状で、今では大変貴重な存在である。富山地区では、地元の人たちが大切に保護し、舟戸群生地、金谷群生地の2カ所が一般公開されている。ここでは舟戸群生地が歩道もよく整備されているので、林道を歩いて群生地を一周するコースを紹介する。

イワウチワ（イワウメ科） 豆知識
名の由来は岩場に生え、葉の形が団扇に似ていることから付いた。花は2〜3cmで美しいピンク色、葉は常緑で光沢があり、根茎が長く伸びて群生する。

カメラ上達法指南

コツとポイント　花は横向きに咲くので、斜面を利用してできるだけ低いカメラアングルで撮影する。背景の枝や葉をきれいにボカすと良い。うす暗い場所なので風によるブレにも注意。

自生地への入口

階段状に整備された歩道

👤 モデルコース

1	雁沢林道入口P
	0:30
2	群生地入口
	1:00
3	自生地一周
	0:30
1	雁沢林道入口P

富山川の橋を渡るとすぐ案内所があり、その先に大きな駐車場がある。ここから林道を1.4km歩くと群生地入口で、テントの休憩所がある。林道は車で入れるが、入口近くの駐車スペースは狭いので注意。自生地はスギやヒノキの林内で傾斜はきついが歩道はしっかり整備されている。また、上部の方が群生密度も濃く、可憐な花がすぐ近くで見られる。

遊歩道入口

Ⓐ…入口に看板あり
Ⓑ…テント内に案内所あり
Ⓒ…林道を歩く
Ⓓ…林道脇の駐車スペースは狭い
Ⓔ…テントがあり、入山料を払う。ルートを詳しく案内してくれる。農産物も販売
Ⓕ…スギ・ヒノキ林内で傾斜はきつい
Ⓖ…密度の濃い群生地、花をすぐ近くで見られる

ショウジョウバカマも咲く

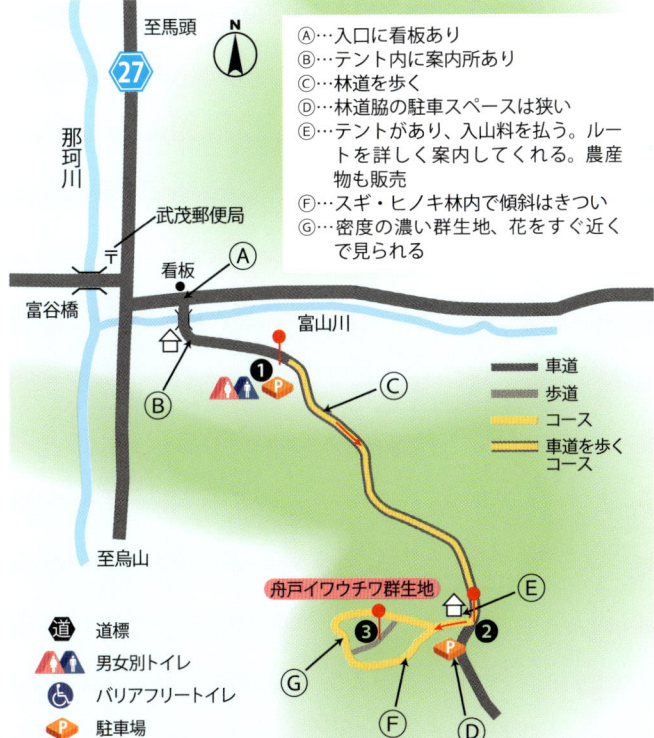

近くの花名所

国道293号に戻り、栃木・茨城県境を山中に入ると、鷲子山上神社がある。参道には寒ツバキが植えられ、2〜4月の早春に真っ赤な花を咲かせる。

春 はる 佐野市

まんようしぜんこうえんかたくりのさと
万葉自然公園かたくりの里　佐野市町谷町112-1
● カタクリを見に行こう

見頃時期…3月中旬〜4月上旬　　ハイキング　歩行時間…約2時間　★★☆

■問合せ　ＴＥＬ：0283-21-5111（佐野市観光協会）　■駐車料　500円
■交　通　佐野藤岡ＩＣより国道50号〜県道67号を経由して約10分

カタクリが一面に咲く園内

一番人気のカタクリ。歌にも詠まれた三毳山

三毳山は標高229mと低山であるが、万葉の昔から多くの歌人にも詠まれ親しまれてきた名山である。南北に連なる山並は、コナラやクヌギの雑木林に覆われ、北側の斜面にカタクリの群生地がある。以前から地元、町谷町の人々によって保護され、現在は佐野市の天然記念物として、約10ヘクタールが公園として整備されている。人気のカタクリ名所で、多くの人は群生地往復だが、ちょっと足を延ばし三毳山山頂に登り、一周するコースを紹介する。

カタクリ（ユリ科）
豆知識 その1

和名はカタクリと書くが、古名はカタカゴ、傾いた籠状の花という意味である。早春を代表する人気の花で花びらは天気が良くて気温が上がると開き、後ろにそり返る。

カメラ上達法指南

コツとポイント

カタクリの花は天気の良い日、午前8時頃から花びらが開き始め、昼前が一番形が整っている。午後になると花びらがそり返り過ぎて重なってしまうので注意。

整備された遊歩道

三毳山山頂

 モデルコース

1. 管理センターP
   0:20
2. カタクリ群生地
   0:50
3. 三毳山（青竜ヶ岳）
   0:30
4. ヤマツツジ群生地
   0:20
1. 管理センターP

群生地内の遊歩道は、各所に案内板が立てられているので迷うことはないが、花時期は多くの人でかなり混雑する。尾根沿いのコースに出ると人は少なくなる。三毳山頂は西側だけ展望が開け、真っすぐ進むと、みかも山公園に行ける。下りは同じルートではなく、ヤマツツジ群生地ルートを回ってみよう。

アズマイチゲと混生

入口近くに咲くミズバショウ

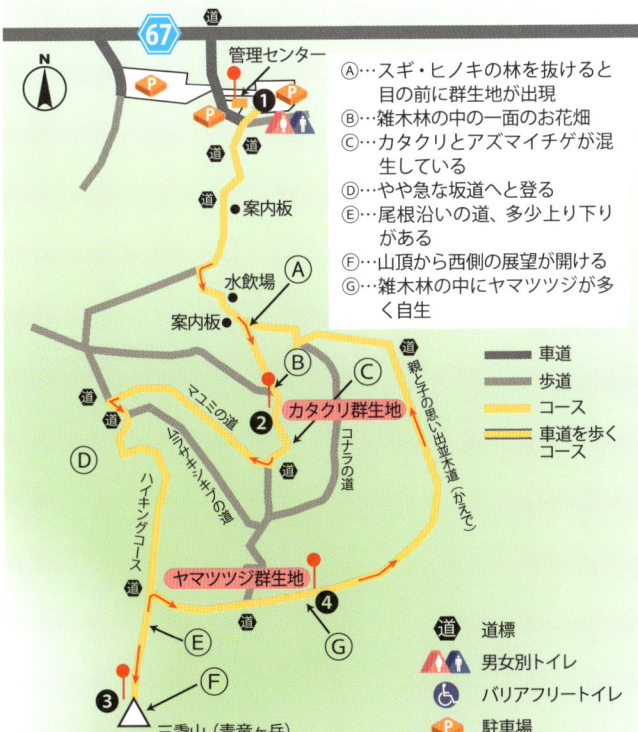

Ⓐ…スギ・ヒノキの林を抜けると目の前に群生地が出現
Ⓑ…雑木林の中の一面のお花畑
Ⓒ…カタクリとアズマイチゲが混生している
Ⓓ…やや急な坂道へと登る
Ⓔ…尾根沿いの道、多少上り下りがある
Ⓕ…山頂から西側の展望が開ける
Ⓖ…雑木林の中にヤマツツジが多く自生

他の季節の花

カタクリ以外にも多くの自生の花が見られる。
春…アズマイチゲ、ニリンソウ、イチリンソウ、シュンラン、チゴユリ
夏…ヤマユリ、ホタルブクロ、オカトラノオ、キツネノカミソリ、ギボウシ
秋…ヤマトリカブト、アキノキリンソウ、ノハラアザミ

春 はる　栃木市

みかも山公園　栃木市岩舟町下津原1747-1
●カタクリを見に行こう

見頃時期…3月中旬～4月上旬　　ハイキング　歩行時間…約1時間30分　★★☆

- ■問合せ　ＴＥＬ：0282-55-7272（公園管理事務所）
- ■交　通　佐野藤岡ICより国道50号～県道67号を経由して約5分

かたくりの園

山全体が公園！大人も子どもも楽しめる

栃木市と佐野市にまたがり、南北に連なる三毳山、その自然林を生かし、総面積約167ヘクタールを整備した広大な県営都市公園である。入口は東、西、南口広場の3カ所あり、山中を歩道とフラワートレインルートが結び、花の名所、万葉庭園、わんぱく広場等々、大人から子どもまで幅広く自然を楽しめる。カタクリはかたくりの園を主に数カ所で見られ、それらを巡る"カタクリ周遊の路"を組んでみた。

カタクリ（ユリ科）豆知識その2
カタクリは種子で繁殖する。地中の球根に養分を蓄え、2枚の葉をつけて開花するまでに7～8年かかる。その後1年おきくらいに花を咲かせ、20～30年間、生育するといわれる。

カメラ上達法指南

コツとポイント
自生地は北東向き斜面なので、昼頃は逆光気味だが、赤紫の花色が逆光に輝いてそれもまた美しい。また、キツネノカミソリの緑の葉がびっしり生え、花色を引き立てる。

カワヅザクラも同時期に咲く

中岳山頂

モデルコース

1	東口広場P	
	0:20	
2	かたくりの園	
	0:30	
3	中岳	
	0:20	
4	あじさいの路	
	0:20	
1	東口広場P	

フラワートレインルートはゆるやかな坂道だが、休憩所からかたくりの園〜中岳へは急坂が続くので、ゆっくり登りたい。カタクリ群生地は平らな木道が整備され、見上げるように一面のお花畑を眺められる。中岳からの尾根上の道は、北へ向かうと青竜ヶ岳へ、南へ向かうとわんぱく広場方面へと続き、時間と体力があれば足を延ばしても良い。わんぱく広場からの帰り道は、フラワートレインの利用も可。

あじさいの路

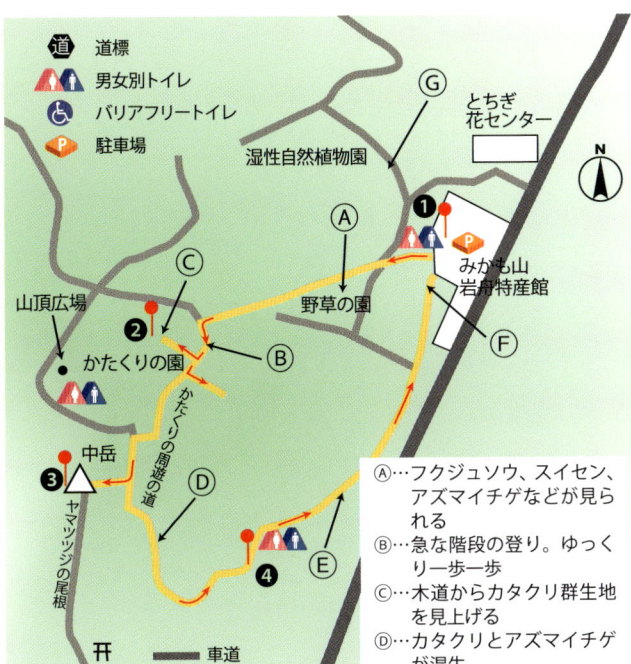

A…フクジュソウ、スイセン、アズマイチゲなどが見られる
B…急な階段の登り。ゆっくり一歩一歩
C…木道からカタクリ群生地を見上げる
D…カタクリとアズマイチゲが混生
E…舗装された道を歩く
F…カワヅザクラが咲く
G…ザゼンソウが自生

フラワートレイン停車場

他の春の花

東口広場近くの野草の園では、早春にフクジュソウとスイセンが、湿性自然植物園ではザゼンソウが見られる。また、カタクリの花と同じ頃、県内では珍しいカワヅザクラが濃いピンクの花を咲かせる。

近くの花名所

東口広場に隣接して、とちぎ花センターがある。大花壇には四季おりおりの花が植栽され、観賞大温室では熱帯〜砂漠植物が見られ、企画展も行われる。

21

春 那珂川町

カタクリ山公園　那珂川町三輪745-1
●カタクリを見に行こう

見頃時期…3月下旬～4月中旬　　**ハイキング**　歩行時間…約1時間　★★☆

- ■問合せ　TEL：0287-96-4939（NPO法人山野草保存会　開花期のみ）　■駐車料　500円
- ■交　通　宇都宮ICより国道293号で約50分

雑木林の群生地

関東有数の群生地は一見の価値あり

那珂川町の西部（旧小川町）、那珂川と荒川に挟まれた丘陵地にある。カタクリの自生地は約3ヘクタールにもおよび、関東地方で最大規模を誇る。自然豊かな雑木林を中心に、全体で約13ヘクタールが公園として整備、一周する歩道は手軽なハイキングコースとなっている。また、カタクリの花とほぼ同じ時期、ミズバショウ（植栽）とショウジョウバカマ（自生）の群落が見頃となるので複数の花を一緒に楽しめる。

カタクリ（ユリ科）
豆知識 その3

カタクリの花色は紅紫色だが、濃淡の変化がある。関東地方では淡い色が多いが、積雪の多い東北地方では濃色が多く見られる。純白の花も見られるがごく少ない。

カメラ上達法指南

コツとポイント

一般に花のアップを撮るとき、晴れの強い光より、うす曇りのやわらかい光の方が発色がよく、きれいに写る。晴れた日はレフ板を使って影の部分を消すのも一方法。

ミズバショウ群生地

ショウジョウバカマ群生地

モデルコース

1	駐車場P
	0:10
2	カタクリ群生地
	0:20
3	ミズバショウ群生地
	0:15
4	ショウジョウバカマ群生地
	0:15
1	駐車場P

全体にゆるやかな上り下りで歩きやすい。カタクリ群生地は幅広い木道を延々と進み、休憩所周辺が一番密度が濃く、一面ピンクの花に埋もれる。尾根上にはヤマツツジ群生地があり、展望台に上がると那珂川方面を一望できる。ミズバショウはスギ林の中の湿地に群生しているので木道が整備されている。

尾根上のコース

- 道標 道標
- 男女別トイレ
- バリアフリートイレ
- P 駐車場

Ⓐ…車椅子でも利用できる幅広い木道
Ⓑ…この周辺がカタクリの自生密度が一番濃い
Ⓒ…ゆるやかな登り
Ⓓ…展望台に上がると那珂川方面を一望できる
Ⓔ…ミズバショウの群生地内に木道が整備され、花が間近に見られる
Ⓕ…ヒノキの林内にショウジョウバカマのピンクの花が無数に咲く

近くの花名所

観音寺のシダレザクラ

旧小川町街の南側、国道294号沿いに、観音寺のシダレザクラがある。推定樹齢250年の古木で、4月上旬～中旬に満開となる。

栃木植物園大柿花山　栃木市都賀町大柿60
とちぎしょくぶつえんおおがきはなやま
● モモ・ツバキを見に行こう

春 はる／栃木市

見頃時期…4月上旬〜中旬　　ハイキング　歩行時間…約2時間　★★☆

- ■問合せ　　TEL：0282-92-0871（大柿花山）　　■開　園　9：30〜19：00
- ■入園料　　200円〜500円（季節により変動）
- ■交　通　　栃木ICより県道32号〜国道293号を経由して約15分

満開のモモとヤマザクラ。円内はツバキ

春色につつまれて花トレッキング

古く山城であった布袋ヶ岡城跡に造成された植物園で、園主の大出さんが長年にわたって改良、開発してきた数多くの花々が見られる。年間を通して、里山の自然の中で百花の香りが楽しめるが、4月上旬〜中旬にかけてが一番種類が多く、特に約10種類のハナモモ、約400種類のツバキは一見の価値がある。また、地名（字名）が桜台とあるように自生のヤマザクラが多いのも特徴で、5月以後は1000種類以上のツツジやサツキも楽しめる。

モモ（バラ科）豆知識
古く中国から渡来。果樹、観賞用に多くの園芸品種があり、花の美しいものをハナモモともいい、一般的なヤグチを代表に、キクモモ、カントウヒ、カンパクなどが知られる。

カメラ上達法指南
コツとポイント
ピンク、赤、白のモモが咲き、山の斜面全体を撮るともちろん美しいが、望遠系のレンズで色合いの美しい部分を切り取っても面白い被写体となる。

自生のヤマザクラ

花々に囲まれた遊歩道

モデルコース

外回り一周コース 2：00

- Ⓐ…モモ・サクラ・ツバキなどの花木を一望
- Ⓑ…坂道が続く
- Ⓒ…自生のヤマザクラが多く、展望も良い
- Ⓓ…布袋ヶ岡城の本丸跡地
- Ⓔ…急な坂道を下るので注意
- Ⓕ…黄花カタクリの群生地。イカリソウやユキモチソウ、オオバナエンレイソウなどの珍しい花も見られる
- Ⓖ…足湯につかってひと息

広い園内にはくまなく歩道が整備されており、外回り一周コースは①〜㉑番まで番号順に歩け、左回りのほうが登りがゆるやかで歩きやすい。一部、急坂もあるので、特に下りは滑らないように注意したい。また、ハイキング後、事務所のとなりに足湯があり、疲れを癒せる。

他の花

黄花カタクリ

黄花カタクリ…北アメリカ原産で、黄色の花を咲かせる珍しいカタクリ。花は茎の先に数個つき、花期は在来種より2週間ほど遅れ、4月中旬〜下旬。事務所の先、谷間の草地に群生している。

近くの花名所

大柿カタクリの里

国道293号を挟んで反対側に"大柿カタクリの里"がある。駐車場から群生地内に歩道が整備され、気楽に散策できる。花期は3月下旬〜4月上旬。

春 はる　茂木町

花の山　茂木町小山1067
（はなのやま）
● ハナモモ・サクラ・レンギョウを見に行こう

見頃時期…4月上旬〜下旬　　**ハイキング**　歩行時間…約1時間30分　★★☆

- ■問合せ　　TEL：0285-65-1187（もてぎツーリスト）
- ■開　園　　9：00〜16：00（月曜休）　■入山料　500円
- ■交　通　　真岡ICより国道121号〜芳賀広域農道を経由して約30分

満開のハナモモ、サクラ、レンギョウ

訪れたい春の花名所

茂木町・益子町境沿いには小高い里山が連なり、その一角に樹の花自然園"花の山"がある。春の4〜5月がいちばん花の多い時季で、色とりどりの樹の花々が次々と咲き、花の楽園となる。面積は約12ヘクタールと広大で、散策路が南コース、中央コース、西コースと細かくレイアウトされ、春の一日、のんびりと花を楽しみながら散策できる。また、展望の良いポイントが多くあるので、花の山を一望しながら里山の自然に浸ることができる。

レンギョウ（モクセイ科）豆知識
中国・朝鮮原産の落葉低木。公園や道路沿いなどに広く植えられている。早春を代表する花木のひとつで、葉より先に花が開き、一面黄色に咲きよく目立つ。

カメラ上達法指南
コツとポイント
広大な園内だが、丘陵地で比較的上り下りも少ないので、時間をかけてゆっくり歩き、自分の気に入ったアングルを探したい。ピンク、白、黄色、色の組み合わせも工夫したい。

濃いピンクのハナモモ

レンギョウも満開

🚶 モデルコース

南〜西〜中央コースの順で、全体を一周して約3km（ゆっくり歩いて約1時間30分）

小高い丘が連なり、谷間に小川や池が配置されている。急な坂道はなく、なだらかなコースが続くので、散歩気分で歩ける。東屋、ベンチなども随所に設けられ、おやつ、お弁当などを持参して、じっくり歩いてみたい。

花の山入口

見晴しの良い展望台

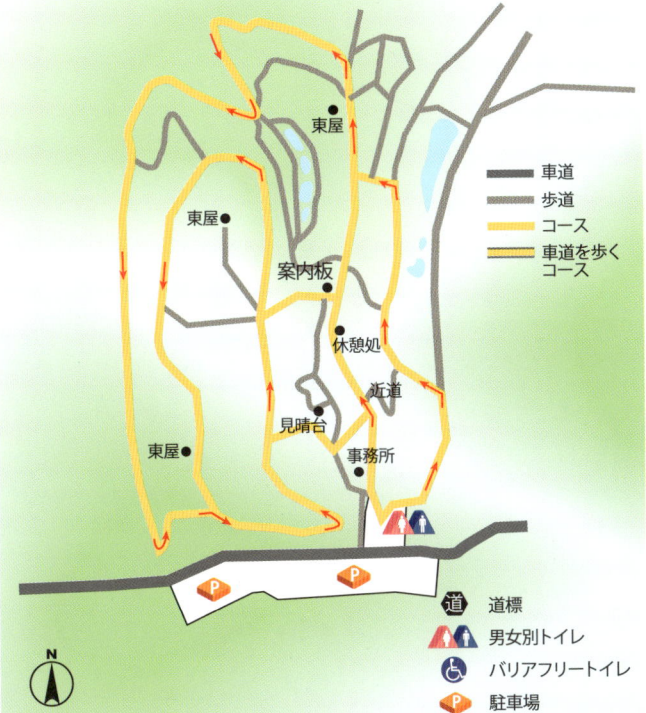

近くの花名所

公園の東側、小山地区の県道沿いに推定樹齢300年のヤマザクラの巨木がある。苗代桜とも呼ばれ、4月中旬頃に満開となる。

小山のヤマザクラ

他の春の花

4月…ハナモモ、サクラ、レンギョウ、ユキヤナギ、ボケ、ツバキ、サンシュユ

5月…ヤマブキ、コデマリ、ハナズオウ、カイドウ、ミツバツツジ、紅キリシマ、ハナミズキ

宇都宮市内各所　宇都宮市
（うつのみやしないかくしょ）
● サクラを見に行こう

見頃時期…3月上旬～4月上旬　　散 歩　　歩行時間…1時間以内　★☆☆

■問合せ　ＴＥＬ：028-632-2445（宇都宮観光コンベンション協会）
■交　通　宇都宮ICより国道119号を経由して約20分

県庁前のシダレザクラ

八幡山公園のソメイヨシノ　　　　祥雲寺のシダレザクラ

身近にあるサクラの名所

宇都宮市内中心部のサクラの名所というと、まず八幡山公園があげられ、満開のソメイヨシノの下、多くの花見客でにぎわう。他にも名木や穴場スポットがあり、歩いて訪ねてみたい。シダレザクラでは東戸祭の祥雲寺、推定樹齢350年の古木。エドヒガンでは塙田の慈光寺、推定樹齢150年で、市内で一番早く開花し、赤門の桜とも呼ばれ親しまれている。穴場では本町～泉町の釜川沿いや県庁西側のシダレザクラが美しい。

近くのサクラ名所

ソメイヨシノの桜並木が市内にも多く、西原の新川沿いや陽東の宇大前通りが人気がある。

ソメイヨシノ（バラ科）
豆知識
日本を代表するサクラの種類で、オオシマザクラとエドヒガンの雑種。東京の染井（そめい）の植木屋から世に広まり、昔からの名所"吉野"の名を冠したのが由来である。成長は早いが樹の寿命は約100年以内。

カメラ上達法指南
コツとポイント

満開のサクラはやはり青空バックが引き立つ。公園のサクラ撮影では人や建物が気になるが、八幡山公園では宇都宮タワーがいいアクセントになるので組み入れたい。

春　はる　宇都宮市

古賀志山麓（こがしさんろく） 宇都宮市古賀志町583
●サクラを見に行こう

春（はる）　宇都宮市

見頃時期…4月上旬〜中旬　　散　歩　　歩行時間…1時間以内　★☆☆

■問合せ　ＴＥＬ：028-632-2445（宇都宮観光コンベンション協会）
■交　通　宇都宮ICより国道293号〜県道70号を経由して約20分

薬師堂のシダレザクラ

亀井家のシダレザクラ

城山西小の孝子桜

厳かに、優雅にたたずむ古木に会いに

県内にシダレザクラの古木は多数あるがその代表的な名木"孝子桜"は古賀志山麓の城山西小学校の校庭に立つ。推定樹齢400年、無数の枝が地まで垂れ、長い歴史を秘めた優雅な姿を見せる。そして孝子桜を親として、子、孫にあたるシダレザクラが山麓一帯に数多く残っている。花期はほぼ同じなので併せて訪ねてみたいが、広範囲にわたるので、車での移動も考えたい。

近くのサクラ名所

古賀志山の東側、宇都宮森林公園の赤川ダム周辺にはシダレザクラ、ソメイヨシノ、ヤエザクラ等、多くのサクラが見られる。

シダレザクラ（バラ科）豆知識
名の由来は枝が垂れる桜の意味から。別名イトザクラ。エドヒガンの一変種といわれ、花はふつう淡紅色だが、濃色のベニシダレや八重咲きのヤエベニシダレなどの種類もある。

カメラ上達法指南

コツとポイント　シダレザクラの名木撮影では、枝垂れる花の美しさを当然表現するが、樹齢を感じる太い幹もわかるように画面に配したい。見上げるように撮ると巨木のイメージが出る。

春 はる / 栃木市

<small>せいすいじ〜てるいしやま</small>
清水寺〜晃石山　栃木市大平町西山田3427
● サクラを見に行こう

見頃時期…4月上旬〜中旬　　ハイキング　　歩行時間…約2時間　★★☆

- ■問合せ　　ＴＥＬ：0282-43-9213（大平町観光協会）
- ■交　通　　栃木ＩＣより県道32号〜11号〜グレープラインを経由して約20分

清水寺前の駐車場より。円内はヤマザクラ

趣のある色合い、サクラに染まる山肌

太平山から南に晃石山〜馬不入山の山並が続き、一帯は自然林が多く残り、ヤマザクラが随所に自生している。晃石山南麓にある清水寺は花の寺として知られ、ここを基点にして桜峠〜晃石山を登り一周するコースがヤマザクラを十分に堪能できる。特に桜峠付近の山の斜面は、"桜峠万本桜"と呼ばれるように、山全体が淡いピンクの花と柔らかな木々の芽吹き色に包まれる。

ヤマザクラ（バラ科）豆知識
日本に自生するサクラの代表種。花と葉がほぼ同時に開き、1本1本その色合いが微妙に異なる。県内の高所、特に奥日光にはオオヤマザクラが自生し、花は大きく、色が濃いピンクなのが特徴。

カメラ上達法指南
コツとポイント

山の斜面に咲くヤマザクラの撮影は難しいが、前景に何かポイントを置くとメリハリがつく。また、樹々の芽吹きも始まる時期なので、雨上がりの瑞々しい美しさも格別。

桜峠

晃石山全景

🚶 モデルコース

1	清水寺P
	0:30
2	桜峠
	0:40
3	晃石山
	0:50
1	清水寺P

シダレザクラとナノハナの咲く駐車場を出発して、桜峠までゆるやかな登りとなる。桜峠にはヤマザクラの巨木と東屋がある。ここから急坂を一気に登り、小ピークを越えて晃石山(標高419m)山頂に着く。南へ少し下ると晃石神社があり、ここから急坂を一気に清水寺まで下る。太平山〜晃石山〜馬不入山の低山縦走も楽しいが、登山口、下山口が離れるので、車の移動は不便である。

晃石山山頂

Ⓐ…駐車場付近には八重シダレザクラとナノハナが咲き、ナシ畑も見渡せる
Ⓑ…沢沿いのゆるやかな登り
Ⓒ…ヤマザクラの株立ちの巨木があり、西側方面は展望が開ける
Ⓓ…急坂の登りで手すりが設置
Ⓔ…尾根沿いのコースで小ピークをいくつか超える
Ⓕ…山頂の北側、展望が開ける
Ⓖ…大きな岩のある急坂が続くので注意

他の季節の花

清水寺は東国花の百花寺のひとつ。早春にはニホンズイセンとロウバイが咲き、春にはシダレザクラ、ヤマザクラ、ツバキ、シャガなどの花が咲き、初夏にはアジサイが美しい。

清水寺に咲くニホンズイセン

近くの花名所

桜峠から南西へ尾根を進むと馬不入山。この一帯もヤマザクラが多く、グレープロードへ下り林道を歩いて一周するコースも組める。

春 はる ／ 下野市

天平の丘公園　下野市国分寺 993−1
てんぴょうのおかこうえん
● サクラを見に行こう

見頃時期…3月下旬〜5月上旬　　散　歩　　歩行時間…1時間以内　★☆☆

■問合せ　TEL：0285-39-6900（下野市観光協会）　■駐車料　400円
■交　通　壬生ICより県道2号〜18号を経由して約20分

平成の丘

八重桜が咲く園内　　　　　　　　　　　　下野国分寺跡

市民の憩いの場は下野市の観光名所

奈良〜平安時代の史跡、下野国分寺跡と下野国分尼寺跡が周辺の雑木林と見事に調和、整備された公園。面積約13ヘクタールの園内には多くの種類のサクラが植えられ、3月下旬には尼寺跡にウズズミザクラが咲き、4月中旬頃からは花広場を中心に八重桜が咲き、連休の頃まで長期間楽しめる。雑木林の中には遊歩道があり、静かな散策ができる一方、"天平の花まつり"期間中には、坊っちゃん列車の運行や歌謡ショーも催され、多くの花見客でにぎわう。

近くのサクラ名所

公園の北側、壬生町の東雲公園もサクラの名所として人気。黒川沿いに4月上旬頃満開となる。

八重桜（バラ科）　豆知識
サトザクラ（里桜）とも呼ばれ、平安時代の頃から品種育成が行われており、200以上の園芸品種がある。八重咲きが多く、オオシマザクラ系統が多い。

カメラ上達法指南

コツとポイント

花見客の多い公園では、朝一番で撮影することが多い。ボンボリやのぼり旗も気になるが、逆にポイントとして入れてみるのも面白い。

つがの里　栃木市都賀町臼久保325
(つがのさと)

●サクラを見に行こう

春　栃木市

見頃時期…4月上旬〜5月上旬　　散歩　　歩行時間…1時間以内　★☆☆

■問合せ　ＴＥＬ：0282-92-0008（ふるさとセンター）
■交　通　都賀ICより県道221号〜288号を経由して約10分

八重桜

ハスの群生地

ヤマザクラの巨木

広々とした園内で次々と咲き誇る桜を

里山の自然を生かし、"花と歴史ロマン"をテーマに整備された公園。面積約23ヘクタールの広い園内には、四季折々に花が咲くが、春のサクラが一番の見どころで、ソメイヨシノ、シダレザクラ、ヤマザクラ、八重桜が時期を移して次々と咲いていく。その中でも、ふるさとセンター横の丘の上に立つヤマザクラは樹齢160年の巨木でシンボル的な存在、4月中旬頃には満開となる。芝生広場には出店も並び、イベントも行われ、芝生内は自由に歩ける。

他の季節の花

公園入口の細長い池にハスが群生し、6月下旬〜7月下旬、大輪の花を無数に咲かせる。木道も整備され、すぐ近くで花が見られるので、人気の撮影スポットだ。早朝から多くの人が集まる。

カメラ上達法指南
コツとポイント

ヤマザクラの巨木はつがの里のシンボル的存在。青空バックで見上げて撮影。園内のサクラは種類によって開花時期がずれるので注意。シダレが一番早く、八重が一番遅い。

春 茂木町

鎌倉山 （かまくらやま）　茂木町九石
● サクラを見に行こう

見頃時期…4月上旬〜中旬　　ハイキング　歩行時間…約1時間30分　★★☆

■問合せ　ＴＥＬ：0285-63-5644（茂木町地域振興課）
■交　通　真岡ICより国道123号〜294号などを経由して約30分

鎌倉山に咲くヤマザクラ

眼下に広がる山頂からの絶景をぜひ

茂木町の北部、八溝山系の山中を那珂川が蛇行して流れている。それを見渡せる名勝、大瀬橋の南側に、標高216mの鎌倉山がそびえている。山全体に自然林が残り、自生のヤマザクラが見られ、そして何より山頂からの眺めが絶景で、眼下に那珂川を見下ろし、栃木・茨城県境方面を一望できる。山頂まで車で行くこともできるが、大瀬の那珂川岸から一周するコースが組めるので、自然林の中をゆっくり歩いてみたい。

ヤマザクラ（バラ科）　豆知識
県内各地の山に自生するヤマザクラは、ソメイヨシノと比べて寿命が長く、古木が多く見られる。大田原市両郷にある磯上のヤマザクラは推定樹齢300年、県内を代表する名木。

カメラ上達法指南
コツとポイント
山頂の東側斜面は展望が開け、ヤマザクラを前景にして那珂川沿いの田園風景と八溝の山並を見渡せ、絵になる構図が組める。

ふるさとセンター茂木 　　　　　　　　　展望台より那珂川を見下ろす

モデルコース

1	ふるさとセンター茂木P
	0:10
2	大瀬登山口
	0:30
3	展望台
	0:10
4	鎌倉山
	0:20
5	車道入口
	0:20
1	ふるさとセンター茂木P

基点は町営のふるさとセンター茂木で、那珂川には7〜10月に観光やながができる。大瀬登山口からはいきなり急登が続くので、一歩一歩ゆっくり登ろう。断崖上にある展望台に着くと目の前に絶景が開け、きつかった登りも忘れてしまう。山頂へは菅原神社を右手に見てすぐで、東屋と芝生広場があり、ここも展望が良い。なお、本来の山頂は南側の林の中を少し登ったところにある。帰りは舗装された林道を下り、車道を歩いてふるさとセンター茂木に戻る。

鎌倉山山頂

Ⓐ…ジグザグに登る急坂道
Ⓑ…目の前に那珂川を見下ろす大展望
Ⓒ…ヤマザクラの大木あり。山頂の駐車スペースは狭いので注意

道　道標
　　男女別トイレ
　　バリアフリートイレ
P　駐車場

車道
歩道
コース
車道を歩くコース

晩秋の風物詩・雲海

10月下旬〜12月上旬頃、山から吹き下りる冷たい空気が、那珂川の温かい川面に触れると霧が発生し、盆地状の那珂川沿いに雲海ができる。ただし、晴れた日、冷え込んで風のない早朝のみの現象である。山頂と展望台からこの光景を望めるが、人気の撮影スポットで、山頂の駐車場は満車になることが多いので注意。

晩秋の日の出と雲海

35

春 はる 小山市

おもいがわつつみ
思川堤 小山市
● サクラを見に行こう

見頃時期…4月中旬～下旬　　散　歩　　歩行時間…1時間以内　★☆☆
■問合せ　ＴＥＬ：0285-30-4772（小山市観光協会）
■交　通　佐野藤岡ICより国道50号で約30分

オモイガワザクラ並木とナノハナ

オモイガワザクラ

小山総合公園

のんびりと楽しむ鮮やかな花風景

小山市の花に指定されているオモイガワザクラ。観晃橋から乙女大橋の思川堤、約10kmにもわたり、桜の里親制度で植栽されている。小山総合公園内と観晃橋南の思川緑地公園のものは樹齢20年以上になり、開花期、濃いピンクの花のトンネルは見ごたえがある。また、堤の上手にはナノハナも咲き、ピンクと黄色のコントラストも美しい。広い駐車場が総合公園にあるので、そこを基点に歩くと便利。

近くのサクラ名所

小山市内のサクラの名所として、市役所北側の小山城跡にある城山公園が人気。サクラはソメイヨシノで花は4月上旬に満開となる。

豆知識
オモイガワザクラ（バラ科）
春と秋の年2回花が咲く十月桜の突然変異といわれ、1954年、思川沿いの丘陵地で発見された。花色が濃いピンクで美しく、ソメイヨシノより10日ほど遅れて咲く。

カメラ上達法指南
コツとポイント
サクラの美しい色合を写真に出すのは難しいが、満開の1～2日前、8分咲きの頃が色が濃くて最も美しい時期である。一方、満開後の散った花びらを狙うのもおもしろい。

日光市内桜名木　日光市稲荷町〜御幸町
にっこうしないさくらめいぼく

● サクラを見に行こう

春 はる　日光市

見頃時期…4月中旬　　**散 歩**　歩行時間…1時間以内　★☆☆

■問合せ　ＴＥＬ：0288-22-1525（日光市観光協会）
■交　通　日光ICより国道119号で約10分

岸野家のシダレザクラ

高田家のシダレザクラ

虚空蔵尊のシダレザクラ

世界遺産の地に生きる古木・名木

世界遺産のある日光、その旧日光市街地の路地裏にシダレザクラの名木が点在している。日光郷土センター南側、岸野家の庭には推定樹齢500年の古木、こぶのある巨大な樹元には古い歴史を感じる。国道119号の反対側の路地を入ると高田家のシダレザクラ、推定樹齢400年、優雅な花を垣根に垂らしている。すぐ近くの虚空蔵尊の桜も一見の価値あり、推定樹齢350年、幹が高く伸びている。

近くのサクラ名所

日光市内で必見のシダレザクラがもう1本ある。日光田母沢御用邸記念公園内に立ち、推定樹齢400年、半枝垂れの珍しいサクラでもある。

エドヒガン（バラ科）豆知識
シダレザクラの母種で、山地に自生、各地に古木が多い。花期はソメイヨシノよりやや早く、花色は濃いピンクが多い。

カメラ上達法指南
コツとポイント
市内のシダレザクラは狭い車道近くにあり、引いて撮影できないので、広角レンズは必須である。車の通行や人通りにも注意したい。

春 はる　那須町

日の出平　那須町
（ひのでだいら）
● サクラを見に行こう

見頃時期…5月下旬～6月上旬　　**ハイキング**　歩行時間…約2時間　★★☆

- ■問合せ　ＴＥＬ：0287-74-2301（那須高原ビジターセンター）
- ■ロープウェイ　9:00～16:00（季節により変動あり）　■料　金　1,100円（大人往復）
- ■交　通　那須ICより県道17号～ボルケーノハイウェイを経由して約30分

ミネザクラと茶臼岳

初夏、山肌を染めるかれんな花

低地では初夏を迎えるころ、那須の高い山ではようやく春が訪れてサクラが咲く。日の出平は茶臼岳の南西にあり、標高1786m、山頂部は平たんな尾根が続き、県内では珍しいミネザクラの群生地がある。那須ロープウェイを利用すれば気軽なハイキングコースが組める。全コース展望も良く、天気に恵まれれば、サクラの花と大パノラマを組み合わせ、シーズン最後のお花見が楽しめる。

ミネザクラ（バラ科）　豆知識

峰、つまり高い山に生える桜の意味。日の出平周辺は自然環境が厳しく、樹高は1～2mで、樹形は盆栽風で美しい。花は1cmほどと小さく、花と葉はほぼ同時に開く。別名タカネザクラ。

カメラ上達法指南

コツとポイント

ミネザクラは高さ2m近くある。花と背景に山並みを組むには、人が立ったカメラアングルでは無理なので、この時は脚立を持参し、より高いアングルで撮影した。

牛ヶ首

姥ヶ平と流石山方面を望む

モデルコース

1	ロープウェイ山麓駅 P
	0:04
2	山頂駅
	0:30
3	牛ヶ首
	0:30
4	日の出平
	0:20
3	牛ヶ首
	0:30
2	山頂駅
	0:04
1	ロープウェイ山麓駅 P

山頂駅から牛ヶ首までは、礫岩の中を歩き、展望は良いが、滑りやすいので一歩一歩注意して歩く。牛ヶ首から先は尾根沿いを進み、途中、ミネザクラが茶臼岳を背景に咲いている。日の出平はどこが山頂がわかりにくいが、南月山方面と沼原方面への分岐点周辺がミネザクラが一番多い。帰りは同じコースを戻るが、時間と体力があれば牛ヶ首から峰ノ茶屋を経由して、茶臼岳山頂に戻って、山頂駅に下るコースをとっても良い。

他の季節の花

イワカガミ

ヒメイワカガミ

茶臼岳～日の出平周辺には多くの高山植物が見られる。ミネザクラの時期には岩場や礫地にイワカガミとヒメイワカガミが見られ、草地ではミヤマエンレイソウやツバメオモトなどが見られる。夏にはヒメシャジン、ウラジロタデ、コキンレイカ、ホツツジ等多数、秋にはエゾリンドウ、ゴマナ、ヤマトリカブトなどが見られる。

A…岩礫の歩きにくい坂道
B…茶臼岳の巻き道で展望が良い。道沿いにイワカガミが見られる
C…この辺にもミネザクラが多く、茶臼岳と組む
D…岩場の急坂を登る
E…ミネザクラ群生地の中の平たんな道

車道
歩道
コース
車道を歩くコース

道標
男女別トイレ
バリアフリートイレ
駐車場

39

春 はる 那須町

那須フラワーワールド
なすフラワーワールド
那須町豊原丙

● チューリップを見に行こう

見頃時期…4月下旬～5月中旬　　散　歩　　歩行時間…1時間以内　★☆☆

- ■問合せ　ＴＥＬ：0287-77-0400（那須フラワーワールド）
- ■開　園　9:00～17:00（4月下旬～10月）　■入園料　500～700円
- ■交　通　那須ICより県道17号～68号を経由して約20分

チューリップが咲くお花畑と那須連山

広大な丘陵地に咲きそろう姿は圧巻！

那須連山から広大な裾野が続く那須高原、その北西部、標高600mの丘陵地に、約5ヘクタールものお花畑がある。季節によって花の種類が変えられ、開園後間もなく4月下旬からは、赤、白、黄色…色とりどりのチューリップが一面に咲く。お花畑はゆるやかな斜面につくられ、その中に散策路が何本もレイアウトされている。背景には残雪の那須連山を一望し、雄大な花と自然のロケーションは最高である。

チューリップ（ユリ科）
豆知識
春の花壇を代表する人気の花。中央アジア原産といわれ、ヨーロッパのオランダを中心に多数の品種が園芸化された。

カメラ上達法指南
コツとポイント
なだらかな斜面に一面に咲く色とりどりの花畑、後方には那須連山が見渡せる。絵になるロケーションで、露出を絞り込み、ピントをパンフォーカスにする。

ルピナス（初夏）

クレオメ（夏）

散策案内

ゆるやかな斜面にお花畑が眺めやすいよう、遊歩道が何本もレイアウトされている。ベンチも数カ所設置され、休憩しながらのんびり歩きたい。

色別に植えられたチューリップ

他の季節の花

夏…新緑がもっとも美しい6月、高原のイメージに似合うルピナスが見頃となる。昇り藤とも呼ばれ、長い花穂は下から上へ順に咲き、色彩豊か。他にも八重咲きのアイスランドポピーやバラも見られ、7月になるとクレオメ、ヘメロカリスが咲き始める。

秋…8月中旬を過ぎると、高原には秋の風が吹き始める。お花畑には、ケイトウ、サルビア、マリーゴールドが赤、黄、青紫の色鮮やかな花のパッチワークをつくる。10月になるとコスモスが咲き、周辺も紅葉が始まる。

地図凡例
- 道標
- 男女別トイレ
- バリアフリートイレ
- 駐車場

至マウントジーンズ
至白河
至池田・広谷地
68
公園入口
休憩所・売店

Ⓐ…丘の上にベンチあり。那須連山を一望
Ⓑ…なだらかな斜面にお花畑

- 車道
- 歩道
- コース
- 車道を歩くコース

ケイトウ（秋）

サルビア（秋）

41

春 はる 壬生町

とちぎわんぱくこうえん
とちぎわんぱく公園　壬生町国谷 2273
● チューリップを見に行こう

見頃時期…4月中旬〜5月上旬　　散　歩　　歩行時間…1時間以内　★☆☆

■問合せ　ＴＥＬ：0282-86-5855（公園管理事務所）　■開　園　8:30〜18:30（火曜休　一部施設）
■交　通　壬生ICより県道71号で約3分

夢花壇のチューリップ　　　　　　　　　　　　クロッカス　　　コスモス

家族で楽しい！緑と花があふれる公園

子どもたちが楽しく遊べるよう楽しくレイアウトされた公園で面積約37ヘクタールの丘陵地に風の原っぱ、みどりの丘、冒険の湖、冒険の島など、自然を生かした施設から、こどもの城、おもちゃ博物館、ふしぎの船などの見学施設まで、家族そろって一日楽しめる。チューリップは四季の花々が楽しめる夢花壇を中心に、約3万球植えられ、花壇の手入れは、ボランティアの"夢咲人"の人たちが行っている。

他の季節の花

春…クロッカス、スイセン、ヤグルマソウ
夏…アジサイ、アリウム・ギガンチューム
秋…コスモス、マリーゴールド
冬…パンジー、クリスマスローズ

豆知識
クロッカス（アヤメ科）
ヨーロッパ原産の園芸植物。2月下旬頃からいち早く咲き、花色は紫が一般的だが、白や黄色もある。

カメラ上達法指南
コツとポイント
人工的に整備された花壇では、花の美しさだけでなく、直線や曲線を構図にうまく利用したい。そのためには立つ位置を左右に移動して練ってみたい。

芝ざくら公園　市貝町見上614-1
●シバザクラを見に行こう

見頃時期…4月中旬～5月上旬　　散歩　　歩行時間…1時間以内　★☆☆

■問合せ　ＴＥＬ：0285-68-1118（市貝町企画振興課）　■駐車料　500円
■交　通　宇都宮上三川ICより国道新4号～県道64号を経由して約40分

春　市貝町

一面に咲くシバザクラ

色鮮やかなお花のじゅうたんは別世界

小貝川の源流部となる山間地、雑木林に囲まれた面積約8ヘクタールが公園として整備されている。メインとなるシバザクラは約2.4ヘクタールにわたって植えられ、斜面に小貝川の流れをイメージしたデザインで色分けされている。また、駐車場の斜面にもサシバ（鳥）がデザインされている。丘の上には展望台があり、シバザクラのお花畑と八溝山地を見渡し、反対側には芳那の水晶湖を眼下に360度のパノラマが楽しめる。

近くの花名所

市貝町南部に多田羅沼がある。広さ約2ヘクタールのかんがい用人工池で、スイレンが群生し、夏に白、黄色、ピンクの花を咲かせる。

シバザクラ（ハナシノブ科）豆知識
北アメリカ原産でヨーロッパを経て日本に渡来。芝のようにはって群生し、花色は紅、ピンク、白、淡青など変化が多い。

カメラ上達法指南　コツとポイント
一面に咲くシバザクラは美しいが、赤の単色だけでなく、白や紫も組み合わせてみたい。また、S字曲線は絵になるパターンなので、うまく取り入れたい。

春 はる　足利市

あしかがフラワーパーク
あしかがフラワーパーク　足利市迫間町607
● フジを見に行こう

見頃時期…4月中旬〜5月中旬　　**散　歩**　　歩行時間…1時間以内　★☆☆

- ■問合せ　　TEL.0284-91-4939（あしかがフラワーパーク）
- ■開　園　7:00〜21:00（季節により変動あり）　■入園料　900〜1,700円（フジの花時期）
- ■交　通　佐野藤岡ICより国道50号〜県道128号を経由して約15分

大藤

奇跡の大藤、植物の生命力を感じる

フジの名所として全国的に知られる花のテーマパーク。4月中旬ごろの「うす紅藤」に始まり、「大藤・むらさき藤」、「白藤」、「きばな藤」と5月中旬ごろまで、色とりどりのフジの花が楽しめる。また、夜間はライトアップされ、幻想的な花風景となる。フジの花以外では、同時期にクルメツツジとボタンなど、5月下旬からはバラ、6月にはハナショウブ、7月からはスイセン、秋はアメジストセージ…と四季を通して花々が見られる。

フジ（マメ科）
豆知識
山や野にふつうに自生し、古くから棚づくりで栽培される。つるが右巻きのノダフジが一般的だが、左巻きのヤマフジもある。

カメラ上達法指南
コツとポイント
無数に垂れ下がる花穂を表現するには、しゃがんでカメラアングルを下げ、見上げるように撮ると花がより多く見える。広角系レンズが有効である。

白藤

むらさき藤

うす紅藤

クルメツツジ

フラワーステージ

散策案内

広々とした園内にはたくさんの散策路がはりめぐらされ、休憩所も随所にあり、時間をかけてじっくり歩いてみたい。ただし、フジの時期はかなり混み合うので、朝一番の入園がおすすめ。

大藤棚

フジの中で一番の目玉はやはり大藤棚、樹齢約150年、600畳敷あり、無数に花房が垂れる姿は圧巻である。また、旧植物園から移植したことでも話題になった。

他の季節の花

早春…寒ボタン、フクジュソウ、ウメ、レンギョウ
夏……バラ、ハナショウブ、アジサイ、スイレン
秋……アメジストセージ

芭蕉の里・黒羽　大田原市前田〜黒羽田町
ばしょうのさと・くろばね
● ボタンを見に行こう

春 はる　大田原市

見頃時期…4月下旬〜5月上旬　　ハイキング　　歩行時間…約1時間30分　★★☆

- ■問合せ　ＴＥＬ：0287-54-1110（大田原市観光協会）
- ■交　通　西那須野塩原ICより国道400号〜461号を経由して約30分

芭蕉の館

芭蕉の足跡をたどり、華やかな花をめでる

奥の細道で知られる松尾芭蕉は、黒羽の地に長期滞在したといわれ、それにちなんだ名所が多い。芭蕉の館〜芭蕉の広場〜芭蕉公園は、芭蕉の道で結ばれ、遊歩道の途中には芭蕉句碑や休憩所がある。そして、芭蕉の館の庭と総茅葺の禅寺"大雄寺"はボタンの名所として知られ、併せて歩いてみたい。隣にある黒羽城址公園は、アジサイの名所で、6月下旬〜7月上旬に紫陽花まつりでにぎわう。

豆知識　ボタン（ボタン科）
名の由来は牡丹（漢名）の音読み。中国原産の落葉低木で古くから多くの園芸品種があり、花色も多彩である。

カメラ上達法指南　コツとポイント
ボタンの花は優雅で豪華、一輪でも絵になる。ただし、晴れた日は花びらがしおれやすく、朝一番で撮るか、曇った日の方が、花の形がきれいである。

芭蕉公園  　　　　　　　　　　大雄寺

モデルコース

1	駐車場P
	0:10
2	黒羽城址公園
	0:10
3	芭蕉の館
	0:20
4	芭蕉公園
	0:20
5	大雄寺
	0:30
1	駐車場P

コース中、階段の上り下りが多いが、特にきつい坂道はない。多くの名所があるので、時間をかけてゆっくり歩いてみたい。

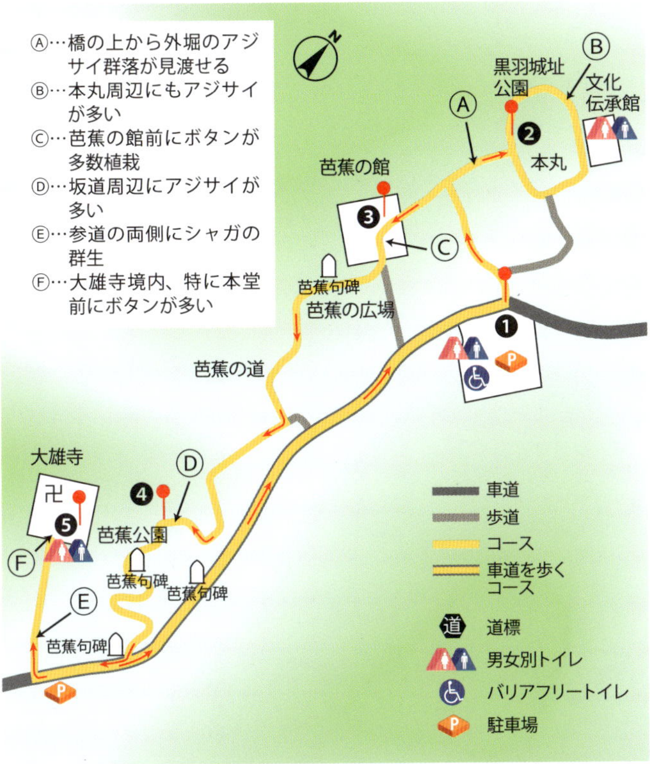

Ⓐ…橋の上から外堀のアジサイ群落が見渡せる
Ⓑ…本丸周辺にもアジサイが多い
Ⓒ…芭蕉の館前にボタンが多数植栽
Ⓓ…坂道周辺にアジサイが多い
Ⓔ…参道の両側にシャガの群生
Ⓕ…大雄寺境内、特に本堂前にボタンが多い

車道
歩道
コース
車道を歩くコース
道標
男女別トイレ
バリアフリートイレ
駐車場

他の季節の花

初夏に咲くアジサイは、黒羽城址公園の外堀に約3000株植栽されている。また、本丸周辺や芭蕉公園付近にも見られる。

黒羽城址公園に咲くアジサイ

近くのボタン名所

湯津上富士山にある"富士ぼたん園"は高台の斜面に約4000株ものボタンが咲き、シャクナゲやツツジの花も同時に楽しめる。

富士ぼたん園

春 はる 日光市

明智平 日光市細尾町
あけちだいら
● アカヤシオを見に行こう

見頃時期…5月上旬～中旬　　ハイキング　　歩行時間…約1時間30分　★★☆

- ■問合せ　　TEL：0288-55-0880（日光自然博物館）
- ■ロープウェイ　9：30～15：00　■料　金　710円（往復）
- ■交　通　清滝ICより国道120号で約15分

アカヤシオと残雪の白根山

花と山、花と湖、ダイナミックな眺望を！

日光の山に春の訪れを告げる花がアカヤシオである。いろは坂周辺に多く自生し、特に明智平周辺に花と風景の好ポイントがある。春まだ浅い頃、山の斜面はまだ芽吹き前で茶褐色、そこにピンクの花が点々と咲き、背景には男体山や残雪の白根山、さらに華厳滝や中禅寺湖を望み、まさに絶景が楽しめる。明智平ロープウェイを利用すれば比較的気軽に歩け、往復コースとなるが、日だまりの中、春の日光を歩いてみたい。

アカヤシオ（ツツジ科）　豆知識
和名は赤八汐と書き、八汐の意味は不明。花が終わってから葉が出て、枝先に5枚輪生する。アケボノツツジの一変種。

カメラ上達法指南　コツとポイント
いろは坂周辺に咲くアカヤシオは、白根山や男体山、中禅寺湖や華厳滝と組んで撮れ、人気の撮影スポット。狭い場所ではお互いに譲り合って順番に撮影しよう。

明智平からロープウェイに乗る

シロヤシオと男体山

🚶 モデルコース

1	明智平P	
	0：03	
2	ロープウェイ山頂駅	
	0：30	
3	茶ノ木平分岐	
	0：20	
4	鉄塔下	
	0：20	
3	茶ノ木平分岐	
	0：20	
2	ロープウェイ山頂駅	
	0：03	
1	明智平P	

ロープウェイ山頂駅の展望台で、奥日光大パノラマを楽しんで、茶ノ木平方面へ尾根道を登る。小ピークを越えて下り、登り返すと展望の良いササ原に出る。花と風景の好ポイントが多く、さらに分岐から次の鉄塔下まで行くと、花と山々が組む絶景が待つ。送電線の下をいろは坂の車道まで下れるが、トンネル内を歩かないと戻れず、ここは同じコースを引き返した方がよい。

アカヤシオと華厳滝

Ⓐ…展望台からは華厳滝を正面に奥日光の大パノラマが望める
Ⓑ…アカヤシオの花と華厳滝が組める撮影ポイント、場所は狭い
Ⓒ…ササ原の平たん地でアカヤシオの花と男体山が組める
Ⓓ…林の中のトラバースコース
Ⓔ…鉄塔の下部でアカヤシオの花と残雪の白根山が組める、トンネル出口へ下る道もある

🚩 道標
🚻 男女別トイレ
♿ バリアフリートイレ
Ｐ 駐車場

至中宮祠
明智第二トンネル
第二いろは坂
至茶ノ木平

━ 車道
━ 歩道
━ コース
━ 車道を歩くコース

近くのアカヤシオ名所

茶ノ木平付近に咲くアカヤシオ

中禅寺湖スカイラインを半月山方面に進み、足尾峠から茶ノ木平方面への歩道を15分ほど登ると、花を前景に白根山と中禅寺湖が組める好ポイントがある。花期は明智平より1週間ほど遅れる。中禅寺湖畔にも何カ所か自生地がある。

49

春 日光市

月山（がっさん） 日光市佐下部
●アカヤシオを見に行こう

見頃時期…4月下旬～5月上旬　　**ハイキング**　歩行時間…約2時間20分　★★☆

■問合せ　TEL：0288-22-1525（日光市観光協会）
■交　通　今市ICより国道121号～県道23号などを経由して約40分

アカヤシオと赤薙山

栃木の県花、なんともいえず美しい色合い

月山は標高1287m、砥川の上流、今市ダムのさらに奥にそびえ、山頂近くの北向き斜面にアカヤシオが群生している。奥深い山だが、旧栗山村日陰から牧場内の車道を入って栗山ダムサイトの広場まで車で行ける。コース自体はさほど長くはないが、急坂や岩場のルートがあるので十分に注意したい。また、アカヤシオの花後、5月下旬頃にはシロヤシオの純白の花も楽しめる。

豆知識
ヤシオツツジ（ツツジ科）
栃木県花に指定されているヤシオツツジ。一般にはアカヤシオを指すことが多いが、シロヤシオをはじめ、ツツジ類全般を呼ぶこともあり、栃木県はツツジ天国である。

カメラ上達法指南
コツとポイント
ツツジ類の花は良く咲く年と咲かない年の差が大きい。当たり年には、どの場所へ行ってもすべてのツツジが見事に咲くことが多いので、チャンス到来である。

50

アカヤシオの群生する月山

月山山頂

モデルコース

1	ダム広場P
	0:20
2	バーベキュー広場
	1:00
3	月山
	0:40
2	バーベキュー広場
	0:20
1	ダム広場P

ダム広場から舗装された車道を歩き、バーベキュー広場の登山口から山頂まで急坂が続く。山頂は狭いが、赤薙山〜大笹牧場方面の眺めが良い。下りは栗山ダム方面へのコースもあるが、山頂から南西へ延びる尾根ルートが、今市ダム方面の展望も良く、アカヤシオも多い。ただし、岩場の危険箇所もあるので、慎重に下ること。

今市ダム方面の展望

Ⓐ…舗装された車道を歩く
Ⓑ…尾根まで急坂の登りが続く
Ⓒ…山頂部は狭いが、アカヤシオの花を前景に日光連山を望む
Ⓓ…やせ尾根で岩場があり注意、今市ダム方面の眺めが良い
Ⓔ…急な坂道を下る。アカヤシオ、シロヤシオの大木が多い
Ⓕ…広場から月山が良く見え、アカヤシオのピンクの花が点々と咲く

車道
歩道
コース
車道を歩くコース

道標
男女別トイレ
バリアフリートイレ
駐車場

近くの花名所

夫婦山に咲くヤマツツジ

月山に向かう途中、日陰牧場の北側にそびえる夫婦山（標高1342m）がある。一帯はヤマツツジの群生地があり、5月中旬〜下旬頃、新緑の中に真っ赤に咲く。牧場から山頂へは約1時間で登れる。
正面に見える赤薙山の中腹、六方沢橋周辺もアカヤシオの名所で、橋の上からピンクに染まる群生地を見下ろせる。もう一カ所、旧栗山村の蛇王滝周辺にもアカヤシオが多く自生している。

春 鹿沼市

石裂山　鹿沼市上久我
（おざくさん）
● アカヤシオを見に行こう

見頃時期…4月中旬～下旬　　登　山　　歩行時間…約3時間30分　★★★

■問合せ　ＴＥＬ：0289-60-2507（鹿沼市観光物産協会）
■交　通　鹿沼ICより国道121号～県道240号などを経由して約50分

西剣ノ峰付近に咲くアカヤシオ

絶景素晴らしくも、歩きは慎重に

鹿沼市北西部の山中にある石裂山は標高879m、古くから信仰の山で、賀蘇山神社と加蘇山神社の奥社がある。周遊コースの上部は岩稜が続き、コース中に岩場が多く、クサリ場やアルミ製のハシゴを登り下りする危険箇所もあるので、十分な装備を整えて歩きたい。一方、山頂周辺の岩場はアカヤシオの花で彩られ、日光連山の眺めも良く、信仰の山としての歴史をたどることもできる。

アケボノツツジ（ツツジ科）
豆知識
アカヤシオは主に関東地方周辺の山に自生するが、この母種にあたるアケボノツツジは主に西日本の山に自生している。

カメラ上達法指南
コツとポイント
アカヤシオはツツジ類の中で一番に咲き、樹々は芽吹き前で背景は地味になる。また、霜が降りることもあり、そんな日はひと晩で花が茶色になってしまう。

月山山頂 　　　　　　　　　　　山頂より日光連山を望む

🚶 モデルコース

1	加蘇山神社P
	0:30
2	千本桂
	0:30
3	奥ノ宮
	0:50
4	東剣ノ峰
	0:30
5	石裂山
	0:10
6	月山
	1:00
1	加蘇山神社P

加蘇山神社前の駐車場から沢沿いにスギの大木の下の参道を進む。竜ヶ滝休憩所で周遊コースは分かれ、千本桂を通って中ノ宮休憩所までは特に危険箇所はないが、ここから先が、クサリ場とハシゴの連続で、注意してゆっくり登りたい。石裂山の三角点のある山頂は稜線から左へ少し入った場所。月山は展望が開け、日光連山や横根山がよく見える。下りはスギ林の中で、特に危険箇所はないが、急坂が続く。

奥ノ宮

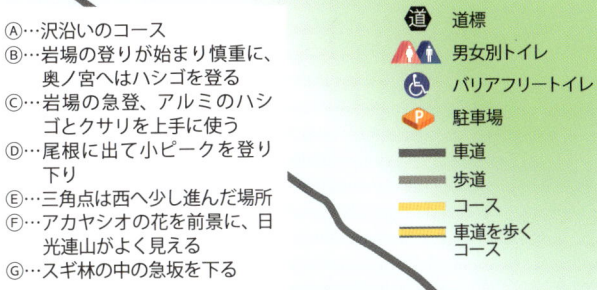

Ⓐ…沢沿いのコース
Ⓑ…岩場の登りが始まり慎重に、奥ノ宮へはハシゴを登る
Ⓒ…岩場の急登、アルミのハシゴとクサリを上手に使う
Ⓓ…尾根に出て小ピークを登り下り
Ⓔ…三角点は西へ少し進んだ場所
Ⓕ…アカヤシオの花を前景に、日光連山がよく見える
Ⓖ…スギ林の中の急坂を下る

🚩 道標
🚻 男女別トイレ
♿ バリアフリートイレ
🅿 駐車場
━ 車道
━ 歩道
━ コース
━ 車道を歩くコース

千本桂

千本桂

推定樹齢1000年の巨木。2本が根元から10数本の株状に立ち、周囲は約10m、高さは約30mになる。御神木としてあがめられ、昔から縁結びの桂ともいわれる。

春 はる　那須町

中ノ大倉尾根　那須町
なかのおおくらおね
● シロヤシオを見に行こう

見頃時期…5月中旬～6月中旬　　ハイキング　　歩行時間…約1時間　★★☆

■問合せ　ＴＥＬ：0287-77-2300（マウントジーンズ那須）
■ゴンドラ　9：00～16：00　■料　金　1,500円（往復）
■交　通　那須ICより県道17号～290号を経由して約30分

シロヤシオと茶臼岳・朝日岳

初夏に歩く、純白の花道

那須連山の中腹にはシロヤシオの自生地が多い。その中でも中ノ大倉尾根一帯には、約3万本が自生し、日本国内最大級の群生地である。自生地へはマウントジーンズの那須ゴンドラを利用すれば、誰でも標高約1400mの自生地へ行け、一周する遊歩道が整備され、花のトンネルの中を思い思いに散策できる。また、展望台、新展望台に上がれば、那須連山、広大な那須高原が見渡せる。

シロヤシオ（ツツジ科）豆知識
ゴヨウツツジとも呼ばれ、人気の花木。花と葉はほぼ同時に開き始め、葉は枝先に5枚輪生する。

カメラ上達法指南　コツとポイント
純白の花と、5枚の葉が特徴。花と葉がほぼ同時に開くので、白と緑のコントラストが美しく、アップで撮るときは両方組み合わせたい。

ゴンドラで山頂駅へ

山頂駅近くの展望台

🚶 モデルコース

**周遊コース
一周ゆっくり歩いて約1時間**

多少登り下りはあるが、急坂はなく、歩きやすい。北温泉〜清水平の中ノ大倉尾根は登山道があり、周遊コースもその一部を歩く。

シロヤシオ

シロヤシオの群生地を歩く

Ⓐ…シロヤシオの花を前景に茶臼岳〜朝日岳が望める
Ⓑ…ウッドチップが敷かれたゆるやかな登り。ダケカンバ林が美しい
Ⓒ…シロヤシオの大木が多い
Ⓓ…北湯〜清水平の登山道、樹間に茶臼岳を望む
Ⓔ…階段もある坂道

至三本槍岳
Ⓒ 新展望台
Ⓓ
Ⓑ
道
至北温泉　Ⓔ
Ⓐ 展望台
ゴンドラ山頂駅
水仙パーク
ゴンドラ山麓駅
至那須湯本　　290　至甲子温泉
305

道 道標
🚻 男女別トイレ
♿ バリアフリートイレ
🅿 駐車場

車道
歩道
コース
車道を歩くコース

中ノ大倉尾根に咲くアズマシャクナゲ

他の花

マウントジーンズスキー場の斜面にはスイセン畑があり、約100種類30万球が植えられ、4月下旬〜5月中旬頃、見頃となる。

近くの花名所

中ノ大倉尾根を清水平〜三本槍岳方面へ登っていくと、高山帯に出て、ハイマツ林の中にアズマシャクナゲが自生している。花時期はシロヤシオとほぼ同じ時期なので、体力があれば、ぜひ登ってみたい。往復約3時間。

社山 日光市
●シロヤシオを見に行こう

見頃時期…6月上旬～中旬　　登山　　歩行時間…約5時間30分　★★★

- ■問合せ　ＴＥＬ：0288-55-0880（日光自然博物館）
- ■交　通　清滝ICより国道120号で約30分

シロヤシオと男体山・中禅寺湖

ハードながらも、ぜいたくな尾根歩き

中禅寺湖南岸にはいくつもの山が連なり、その中でもピラミッド型の美しい山容を誇るのが社山（標高1827m）である。尾根沿いを歩く登山道は展望が良く、中禅寺湖を眼下に奥日光の山々と足尾側の山々も一望でき、花時期は樹々の芽吹きが最も美しい。歩行距離、時間とも長く、ひと苦労する山登りだが、一度は登ってみたい人気の山である。

シロヤシオ（ツツジ科）豆知識
シロヤシオは花・葉の他に樹の肌にも特徴があり、古木になるマツのように裂けるのでマツハダの別名も付く。

カメラ上達法指南 コツとポイント
社山の尾根道は展望がよく、点々と自生するシロヤシオを前景に男体山や中禅寺湖と組む。撮影の登山では時間がかかるので、コースタイムの倍程度、時間の余裕がほしい。

湖面越しに望む男体山

展望の良い尾根道

🚶 モデルコース

1	歌ヶ浜P	
	1:00	
2	阿世潟	
	0:30	
3	阿世潟峠	
	1:30	
4	社山	
	1:30	
2	阿世潟	
	1:00	
1	歌ヶ浜P	

歌ヶ浜～阿世潟は湖畔の道で距離は長いが、眺めは最高のコース。峠までは一気に登れるが、この先の尾根沿いのコースはいくつもの小ピークを越え、急坂が多い。ただし展望は左右側とも良いので、ゆっくり時間をかけて登ろう。三角点のある山頂はコメツガ林の中で展望はきかず、少し先まで進むと展望のきく草地に出る。この先、黒槍岳への縦走コースもあるが、上級者向き。帰りは同じコースを下山するとよい。

イタリア大使館別荘記念公園

Ⓐ…狸窪までは湖畔の舗装された車道を歩く。一般車両は通行止め
Ⓑ…未舗装の道、湖と男体山の眺めが良い
Ⓒ…ミズナラの林中を峠まで登る
Ⓓ…カラマツ林を抜けると一気に展望が開け、奥日光側と足尾側の両方が見える
Ⓔ…中禅寺湖を見下ろし、八丁出島もよく見え、シロヤシオが点々と自生
Ⓕ…ササ原の急坂が続く
Ⓖ…山頂の少し先が展望のよい草地

道 道標
男女別トイレ
バリアフリートイレ
P 駐車場

車道
歩道
コース
車道を歩くコース

紅葉時期の社山

他の花

中禅寺湖南岸にはアズマシャクナゲが多く自生するが、社山山頂の湖側の斜面にも群落が見られ、花時期がコース沿いのシロヤシオの花とほぼ同じ頃である。

春 はる / 日光市

中禅寺湖畔　日光市
ちゅうぜんじこはん
●トウゴクミツバツツジを見に行こう

見頃時期…5月中旬～6月上旬　　ハイキング　　歩行時間…約2時間30分　★★☆

■問合せ　TEL：0288-55-0880（日光自然博物館）
■交　通　清滝ICより国道120号で約40分

熊窪付近に咲くトウゴクミツバツツジ

この時季ならではの美しい風景

男体山の噴火によってできた中禅寺湖は、標高1296mにあり、周囲約25kmの奥日光を代表する湖である。自然豊かな湖畔には多くのツツジ類が自生するが、その中で千手ヶ浜～菖蒲ヶ浜のトウゴクミツバツツジの群落が、一番のお勧めコースである。樹々の芽吹きが始まる頃、湖面を背景に花のトンネルをのんびり歩ける。併せて一番人気の竜頭ノ滝に立ち寄り、湯川沿いを歩いて、赤沼へ戻るコースを紹介する。

豆知識
トウゴクミツバツツジ（ツツジ科）
名前の通り、関東～中部地方の山に自生し、低山でも見られる。西日本にはサイゴクミツバツツジが自生する。

カメラ上達法指南
コツとポイント
背景に湖面と組むポイントが数多くある。晴れていれば湖は紺碧に輝き、曇りの日は芽吹きの組み合わせもおもしろく、いつ行っても絵になる構図が組める。

58

湖畔に咲くオオヤマザクラ

竜頭ノ滝

モデルコース

1	赤沼P
	0：30 バス
2	千手ヶ浜
	1：20
3	菖蒲ヶ浜
	0：20
4	竜頭ノ滝
	0：50
1	赤沼P

湖畔の道はほぼ平たんな道が続き、熊窪と栃窪には美しい砂浜があり、その区間にトウゴクミツバツツジが一番多く見られる。赤岩へは急坂を登るが、岩の上からは絶景が望める。菖蒲ヶ浜から国道を横切り竜頭ノ滝へ。観光地で人が多いが花と滝の組み合わせは絵になる。滝沿いに上がり、さらに湯川沿いを歩いて、しゃくなげ橋を経由して赤沼へ戻る。途中、疲れたら竜頭ノ滝からバスで赤沼へ戻ることも可能。

赤岩からの展望

- Ⓐ…湖面越しに男体山を眺め、ここから湖畔を歩く
- Ⓑ…砂浜のある入江
- Ⓒ…トウゴクミツバツツジ、シロヤシオ、ヤマツツジが多数自生し、コース中一番の見どころ
- Ⓓ…砂浜が美しい、トチノキの大木もある
- Ⓔ…岩場に登ると、眼下に神秘的なコバルトブルーの湖が見える
- Ⓕ…滝壺が一番人気のスポットだが、滝沿いの歩道からも美しい
- Ⓖ…竜雲荘周辺もトウゴクミツバツツジが多い
- Ⓗ…湯川沿いに美しいミズナラ林を歩く

不思議なトチノキ

地名の通り、栃窪にはトチノキの大木が多数ある。奥日光ではトチノキが群生しているのは不思議とここだけ。太古の昔、狩猟民族がここに定住して、食料としてトチノキを植えたという説もある。

栃窪のトチノキ

他の花

奥日光にはオオヤマザクラが自生し、湖畔では5月中旬に見頃。コース中にも点々と特徴あるサクラの花を見ることができる。

59

春 はる 那須町

那須平成の森　那須町高久丙3254
なすへいせいのもり
● トウゴクミツバツツジを見に行こう

見頃時期…5月中旬〜下旬　**ハイキング**　歩行時間…約2時間　★★☆

- ■問合せ　TEL：0287-74-6808（那須平成の森フィールドセンター）
- ■開　園　9：00〜17：00　無料
- ■交　通　那須ICより県道17号〜290号を経由して約40分

トウゴクミツバツツジと茶臼岳

木漏れ日を感じながら森林浴を

那須高原の標高約600〜1400mの間に那須御用邸がある。その半分にあたる約560ヘクタールが宮内庁から環境省に移管され、平成23年、日光国立公園「那須平成の森」として開園した。フィールドセンターを基点にして、自由に森を散策できる"ふれあいの森"を一周するコースを紹介するが、インタープリターのガイドと歩く"学びの森"（予約制・有料）もある。また、フィールドセンター内では、自然情報、利用情報の提供がある。

豆知識
ミツバツツジ
（ツツジ科）
関東〜近畿地方の山地に自生。県内には足利市小俣に見られる。雄しべは5本（トウゴクミツバツツジは10本）。

カメラ上達法指南
コツとポイント
人気の撮影スポットは駒止の滝展望台。新緑に包まれた優雅な滝で、滝壺が青く映える。ただし、全景を撮れる場所は限られるので、人の多い時は順番に撮影したい。

ヤマツツジが咲く遊歩道

フィールドセンターデッキより茶臼岳を望む

モデルコース

1	フィールドセンターP
	1：00
2	駒止の滝観瀑台
	1：00
1	森の小径経由フィールドセンターP

駒止の滝観瀑台への登りはウッドチップが敷きつめられた南側の小径が歩きやすい。観瀑台手前の駒止の丘には休憩ベンチがあり、ゆっくり休める。尾根沿いの下り道は石がゴロゴロした広い道で足元に注意。全コース自然林の中でトウゴクミツバツツジ、ヤマツツジが自生し、森林浴を満喫できる。

フィールドセンター内展示物

駒止の滝

余笹川の上流にある落差約20mの滝。以前は歩道から見えず、「幻の滝」といわれたが、観瀑台が設置され、滝壺まで正面から望める。周辺にはトウゴクミツバツツジが自生し、新緑の時期に美しいが、秋の紅葉時も鮮やかに彩られる。

駒止の滝

春 鹿沼市

横根山　鹿沼市上粕尾
●トウゴクミツバツツジを見に行こう

見頃時期…5月中旬〜下旬　　ハイキング　　歩行時間…約2時間30分　★★☆

- ■問合せ　ＴＥＬ：0288-93-4141（前日光ハイランドロッジ）
- ■交　通　栃木ICより県道32号〜15号などを経由して約1時間10分

トウゴクミツバツツジが咲く井戸湿原

大切にしたい自生植物とすばらしい景観

標高1373m、なだらかな高原状の山である。ツツジ類が多いのが一番の特徴で、アカヤシオに始まり、トウゴクミツバツツジ、シロヤシオ、ヤマツツジ、レンゲツツジと順に咲く。山中にある井戸湿原は広さ約4ヘクタールの湿地で約200種もの湿生植物が見られる。また、象ノ鼻での日光連山〜足尾山地の大展望も魅力である。山上の牧場まで車で行け、気軽に花と好展望のハイキングが楽しめる。

トウゴクミツバツツジ（ツツジ科）　豆知識
和名は東国三葉躑躅。葉は枝先に3枚輪生する。井戸湿原周辺には本種とシロヤシオ、ヤマツツジが混生し、三種とも同じ時期に咲くこともある。

カメラ上達法指南　コツとポイント
井戸湿原周辺はトウゴクミツバツツジの群生地。ただし、背景が平凡なため、前景に樹の緑を入れたり、望遠系レンズでシラカバと組み合わせたりなど、ひと工夫ほしい。

シロヤシオが咲く井戸湿原 　　　　ヤマツツジと日光連山

🚶 モデルコース

1	前日光ハイランドロッジP
	0:40
2	横根山
	0:30
3	井戸湿原
	0:40
4	象ノ鼻
	0:40
1	前日光ハイランドロッジP

ロッジは前日光牧場内にあり、象ノ鼻までは牧場内の林道が通る。急坂は横根山頂へと象ノ鼻への一部だけで、全体になだらかなコースで、湿原内は木道を歩く。また、湿原には一周するコースもある。展望が一番良いのは象ノ鼻で、360度の大パノラマが広がり、天気が良いと、富士山も遠望できる。なお、ハイランドロッジは宿泊施設もある。

横根山山頂

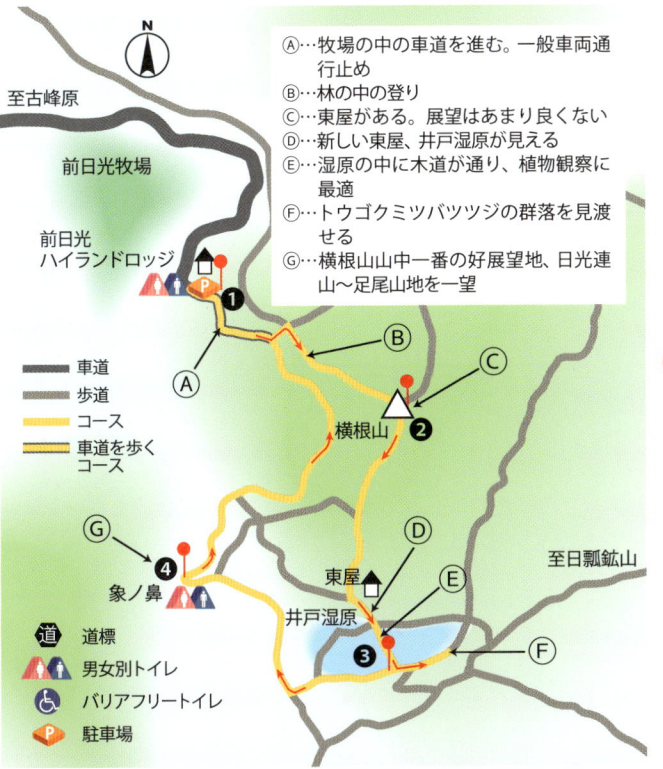

Ⓐ…牧場の中の車道を進む。一般車両通行止め
Ⓑ…林の中の登り
Ⓒ…東屋がある。展望はあまり良くない
Ⓓ…新しい東屋、井戸湿原が見える
Ⓔ…湿原の中に木道が通り、植物観察に最適
Ⓕ…トウゴクミツバツツジの群落を見渡せる
Ⓖ…横根山山中一番の好展望地、日光連山〜足尾山地を一望

レンゲツツジが咲く井戸湿原

他の季節の花

夏…ワタスゲ、サギスゲ、トキソウ、サワラン、バイケイソウ、ノリウツギ　他
秋…サワギキョウ、アケボノソウ、アキノキリンソウ、エゾリンドウ、ヤマトリカブト　他

ツツジ類の花ごよみ

アカヤシオ…5月上旬〜中旬
トウゴクミツバツツジ…5月中旬〜下旬
シロヤシオ…5月中旬〜下旬
ヤマツツジ…5月下旬〜6月上旬
レンゲツツジ…6月上旬〜中旬

63

春
日光市

きりふりこうげんつつじがおか
霧降高原つつじが丘　日光市所野
● ヤマツツジを見に行こう

見頃時期…5月上旬〜中旬　　**ハイキング**　歩行時間…約1時間　★★☆

- ■問合せ　ＴＥＬ：0288-22-1525（日光市観光協会）
- ■交　通　日光ICより国道119号〜県道169号を経由して約10分

ヤマツツジと赤薙山

鮮やかな新緑と花を名瀑とともに

日光連山の東端に赤薙山（標高2010m）がそびえ、南東側に霧降高原がゆるやかに広がっている。日光市街地から上がって入口となる標高約800m付近につつじが丘があり、名前の通り、一帯にはヤマツツジが群生している。そして、近くには日光三名瀑のひとつ"霧降ノ滝"がある。新緑の一番美しい時期、群生地を一周して、滝の展望台を往復するコースをのんびりと歩いてみたい。

ヤマツツジ（ツツジ科） 豆知識
県内の山ではもっともふつうに見られるツツジで、公園などにもよく植栽される。半落葉低木で、夏秋葉は春葉より小さい。

カメラ上達法指南 コツとポイント
真っ赤に咲くヤマツツジは美しいが、花だけでは絵にならないので、背景に山と組む場所を探す。雨上がりの花と新緑の組み合わせも美しく、入口の群生地で狙える。

駐車場付近のヤマツツジ群落 　　つつじが丘入口のヤマツツジ群落

モデルコース

1	駐車場 P
	0:30
2	つつじが丘一周
	0:30
3	霧降ノ滝展望台往復

ヤマツツジの一番の群生地は、駐車場奥のマツ林周辺で、背景には男体山〜女峰山〜赤薙山を望む。入口駐車場近くの林の中にも群生地があり、新緑の森を真っ赤に彩る。この一帯は、散歩気分で楽しめる。滝展望台へは山のレストラン横から林の中を進む。一部階段の急坂がある。

ハイキングコース入口

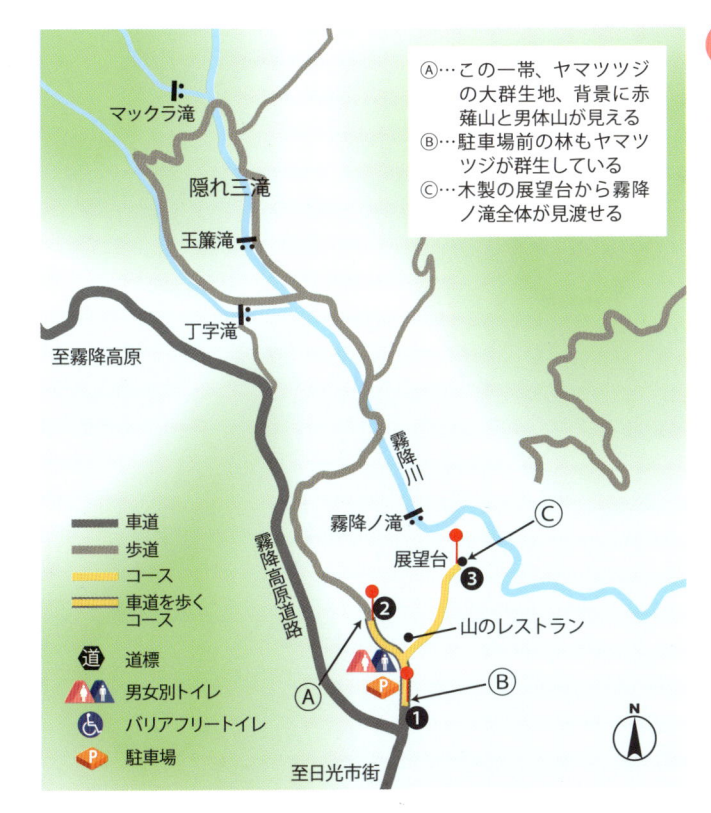

Ⓐ…この一帯、ヤマツツジの大群生地、背景に赤薙山と男体山が見える
Ⓑ…駐車場前の林もヤマツツジが群生している
Ⓒ…木製の展望台から霧降ノ滝全体が見渡せる

霧降ノ滝

霧降ノ滝

日本の滝100選のひとつ。落差約80mで、上部で直線的に落水し、下部で末広がりに分かれる華麗な滝姿で人気がある。滝壺へは行けず、展望台から俯瞰する。霧降川のさらに上流部には、丁字滝、玉簾滝、マックラ滝があり、"霧降隠れ三滝"と呼ばれ、つつじが丘からハイキングコースがある。

春 那須町

八幡つつじ園地　那須町湯本
やはたつつじえんち

● ヤマツツジを見に行こう

見頃時期…5月中旬～6月中旬　　ハイキング　　歩行時間…約1時間　★★☆

- ■問合せ　　TEL：0287-74-2301（那須高原ビジターセンター）
- ■交　通　　那須ICより県道17号～ボルケーノハイウェイを経由して約30分

一面に咲くヤマツツジの群生地

五感で感じる初夏のハイキング

那須連山の主峰、茶臼岳から広がる那須高原の中腹、標高1000m付近に八幡がある。一帯の約23ヘクタールには約20万本ものヤマツツジとレンゲツツジの大群落がある。群生地内には木道と展望台が設置され、背景には茶臼岳と広大な那須野ヶ原を望み、花のトンネルの中を一周できる。また、近くには"つつじ吊橋"の新名所もあり、自然の家を基点にして、併せて歩いてみたい。

ツツジ（ツツジ科）
豆知識

日本で古くから植栽されているツツジとして、ヤマツツジ、ミヤマキリシマ、サツキなどがあり、現在は多くの園芸種がある。

カメラ上達法指南
コツとポイント

群生地の中へ入ってしまうと周りの風景が見えないので、展望台もしくは車道沿いから全景を撮りたい。茶臼岳と組むポイントもあるが、建物をうまく処理したい。

牧草地跡のヤマツツジの群生地　　　　　　　　　背景に茶臼岳を望む

モデルコース

1	自然の家P
	0：15
2	中央展望台
	0：30
3	つつじ吊橋
	0：15
1	自然の家P

駐車場から車道沿いに進み、一面に咲くヤマツツジの中の木道を通って中央展望台へ。さらに北展望台へとお花畑を十分に楽しめる。この先から林の中を下って沢を渡り、再度牧草地跡のヤマツツジ群生地の中を歩き、つつじ吊橋を往復したら、林の中を駐車場まで戻る。

つつじ吊橋

Ⓐ…ヤマツツジの大群生地の中、木道を歩く
Ⓑ…展望台に上がれば、一面真っ赤な群落が見渡せ、茶臼岳も見える
Ⓒ…林の中の下り道
Ⓓ…旧牧草地で一帯にヤマツツジの古木が多い
Ⓔ…林の中のゆるやかな登り

車道
歩道
コース
車道を歩くコース

木道が整備された群生地

他の季節の花

レンゲツツジはヤマツツジよりやや遅れて咲き始める。同じ頃、サラサドウダンの小花も鈴なりに咲く。

近くの花名所

八幡の北側、八幡温泉〜弁天温泉、大丸温泉には那須自然研究路が整備され、ツツジ類が多く自生し、樹齢150年のミネザクラもある。歩行時間は約2時間。

八方ヶ原 矢板市伊佐野
はっぽうがはら

● レンゲツツジを見に行こう

春 / 矢板市

見頃時期…6月上旬～中旬　　ハイキング　歩行時間…約2時間　★★☆

- ■問合せ　TEL：0287-43-1515（山の駅たかはら）
- ■交　通　矢板ICより県道30号～56号を経由して約40分

大間々のレンゲツツジの群落

山肌を朱色に染める鮮やかな花

八方ヶ原は高原山の東側、標高1000～1200mにあり、釈迦ヶ岳の噴火によってできた溶岩台地である。上部の大間々周辺、約300ヘクタールに約20万株ものレンゲツツジの群生地があり、県内一の規模を誇る。"山の駅たかはら"のある学校平から大間々までは車でも行けるが、花時期は大変混雑する。学校平を基点に小間々～大間々には林の中と群生地の中を"大間々自然歩道"が整備されているので、往復とも歩いてみたい。

豆知識　レンゲツツジ（ツツジ科）
高原や湿原に生える落葉低木。牧場に群生地が多いが、有毒植物のために牛や馬に食べられずに残るといわれる。八方ヶ原も戦前は軍馬の遊牧地であった。

カメラ上達法指南　コツとポイント
なるべく高いカメラアングルで撮りたいので、脚立を持参すると便利。背景に剣ヶ峰や塩原方面の山々を組むと絵になる。なお、車道沿いには車は止めないこと。

大間々の駐車場

自然歩道入口

モデルコース

1	学校平P
	0:20
2	小間々
	0:40
3	大間々（外周歩道一周）
	1:00
1	学校平P

コース中に急坂はなく、ゆるやかな斜面の上り下りとなる。小間々周辺はヤマツツジが多く、5月下旬頃が見頃である。大間々には高さ10mほどの展望台があり、那須連山や八溝山地、関東平野を一望できる。また、大間々を基点としてミツモチ山や剣ヶ峰方面への登山道も整備されている。

山の駅たかはら

Ⓐ…学校平周辺にもツツジ類が多く見られる
Ⓑ…小間々の女王
Ⓒ…ヤマツツジが多い
Ⓓ…一面のレンゲツツジの大群落、展望台もあり、那須連山や関東平野を一望

小間々の女王

小間々の女王

小間々のダケカンバの林の中に、1本、株立ちのトウゴクミツバツツジの立派な大木があり、"小間々の女王"と呼ばれ、人気がある。花時期は例年だと5月20日前後となる。

春 はる｜日光市

湯ノ湖 （ゆのこ） 日光市湯元
●アズマシャクナゲを見に行こう

見頃時期…5月下旬～6月上旬　　**ハイキング**　　歩行時間…約1時間30分　★★☆

■問合せ　TEL：0288-62-2321（日光湯元ビジターセンター）
■交　通　清滝ICより国道120号で約50分

アズマシャクナゲの群生地

一見の価値あり！湖畔の道は花の道

奥日光の一番奥、標高1478mにある湯ノ湖は、三岳の噴火によってできたせき止め湖。周囲は約3kmあり、湖畔沿いにぐるりと歩道が整備されている。湯元温泉側を除いて原生林に囲まれ、南西岸には林の中にアズマシャクナゲが自生している。樹々の芽吹きが始まった頃にトウゴクミツバツツジも咲く。湯ノ湖一周と併せて湯滝も歩いてみたい。

**アズマ
シャクナゲ
（ツツジ科）
豆知識**

東石楠花。常緑の低木。日光の山では標高1200～1800mの山地～亜高山帯に多く生育し、標高2000m以上の高山には、花が白色のハクサンシャクナゲが生育する。

カメラ上達法指南

コツと
ポイント

常緑針葉樹林内に自生地があるので、晴れた日には日当たりと陰のコントラストが強過ぎて撮影には不向きである。うす曇りの日が狙い目となる。

70

北岸より湖と男体山を望む

南岸より湖と温泉ヶ岳を望む

🚶 モデルコース

1	湯元温泉P
	0：30
2	湯滝上・湯滝往復（0：30）
	0：30
1	湯元温泉P

湯ノ湖一周コースは上り下りのほとんどない平たんなコースで歩きやすい。途中、自然に関する問題の書かれた看板もあり、解きながら歩くのもひとつの楽しみである。湯滝の展望台へは階段状の坂を下ってまた登る。他の季節、花は少ないが、10月上旬〜中旬の紅葉は美しい。

トウゴクミツバツツジが咲く湖畔

凡例：
- 車道
- 歩道
- コース
- 車道を歩くコース

至丸沼 / 至中宮祠 / 戦場ヶ原

湯元温泉 / 日光湯元ビジターセンター / 湯元スキー場 / 湯ノ湖 / 湯滝

- 道 道標
- 男女別トイレ
- バリアフリートイレ
- P 駐車場

Ⓐ…湖面越しに男体山を望む展望台あり
Ⓑ…湖の南西岸斜面、林の中にアズマシャクナゲが群生する
Ⓒ…急な坂道
Ⓓ…展望台から豪快に水の落ちる湯滝の全容を見上げる

湯滝

日光の アズマシャクナゲ群生地

中禅寺湖南岸に多く自生し、特に千手ヶ浜から30分程度歩いた俵石付近には、歩道に沿って大群落がある。花期は5月中旬〜下旬。高い所では標高1800m以上の金精峠付近に大群落があるが、自生地には近づけない。また、中禅寺立木観音の境内にも大木がある。

夏 なつ

SUMMER

バラ

ハナショウブ

ズミ

ワタスゲ

アヤメ

ノハナショウブ

アジサイ

クリンソウ

コウシンソウ

ニッコウキスゲ

ヤマユリ

ユリ

ホザキシモツケ

コバイケイソウ

キンコウカ

コキンレイカ

ハンゴンソウ

ヒマワリ

那須街道アカマツ林＊ヤマユリ

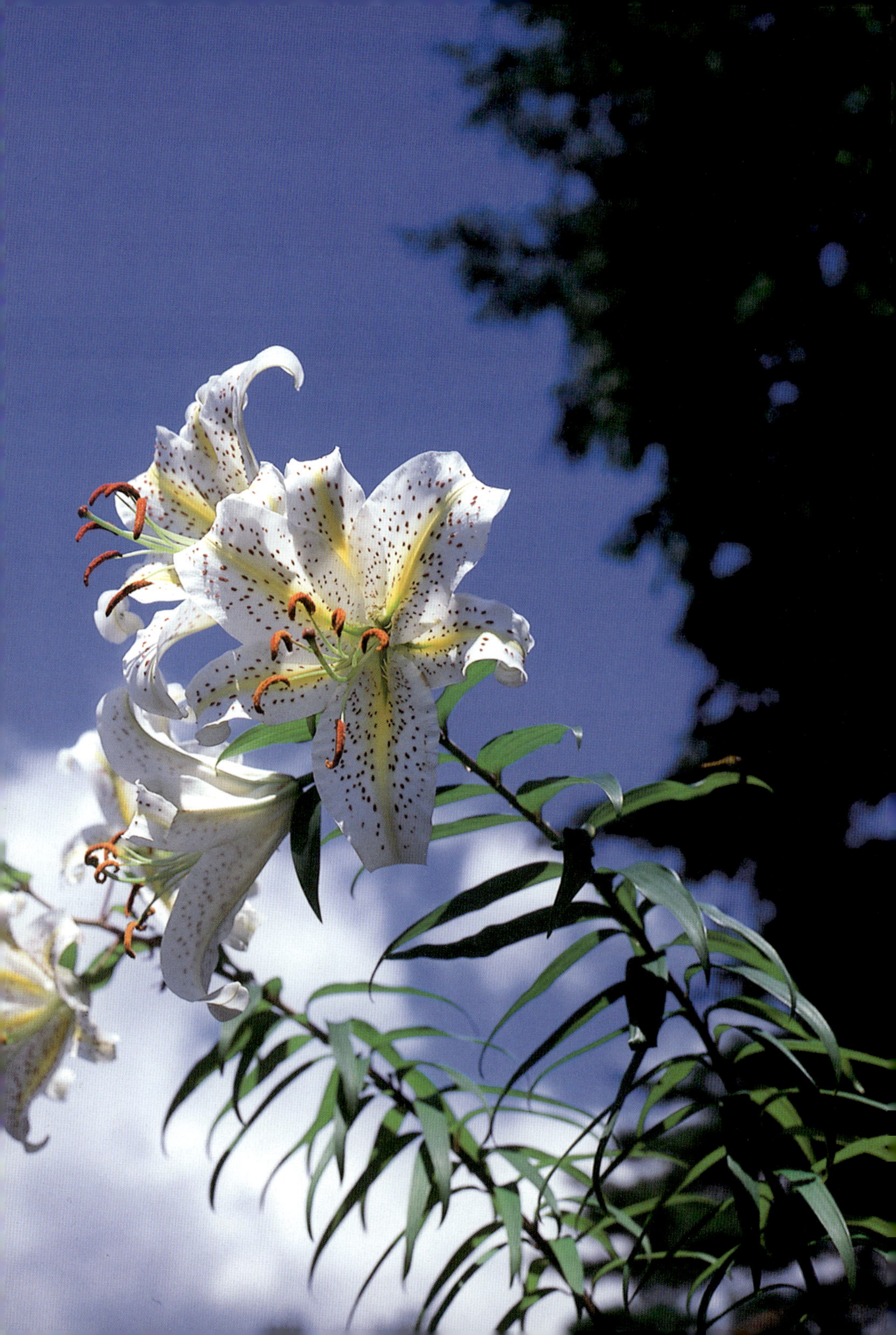

夏 なつ　真岡市

井頭公園　真岡市下籠谷99
（いがしらこうえん）

● バラを見に行こう

見頃時期…5月下旬～6月中旬　10月　　散　歩　　歩行時間…約1時間　★☆☆

■問合せ　ＴＥＬ：0285-83-3121（公園管理事務所）　■駐車場利用時間　8：30～18：30
■交　通　真岡ICより国道408号で約10分

噴水上がるバラ園入口

バラ園　　　　　　　　花菖蒲園

楽しみ方は自由！県民の憩いの公園

真岡市北部の丘陵地にあり、広さ約93ヘクタール、自然と人工が調和された県民公園である。バラ園は北駐車場の先にあり、約90品種、約1500株が栽培され、色とりどりの花に囲まれ、芳香漂う中、散策が楽しめる。また、広々とした公園内には、サイクリングロードと歩道がくまなく整備され、中でも一周3.1kmのヘルスコースが人気である。花ちょう遊館（入館料400円）では熱帯性生物と高山植物が見られる。

園内の花名所

バラ園の東側、釣池の近くに花菖蒲園がある。約6000株のハナショウブが栽培され、6月中旬～下旬が見頃となる。

豆知識
バラ（バラ科）
薔薇。一般に栽培されるセイヨウバラは多くの園芸種があり、春と秋、年2回花を咲かせる。日本ではノイバラが自生する。

カメラ上達法指南
コツとポイント
人気の薔薇も写真撮影となると意外と難しい。花アップ撮影で霧吹きを使うのを見かけるが、自宅の庭ならともかく、公園での使用は控えたい。

古峯園（こほうえん） 鹿沼市草久 3027
●ハナショウブを見に行こう

夏なつ　鹿沼市

見頃時期…6月下旬～7月上旬　　散　歩　　歩行時間…1時間以内　★☆☆

- ■問合せ　ＴＥＬ：0289-74-2111（古峯神社社務所）　■開園　9：00～17：00　■入園料　300円
- ■交通　鹿沼ICより国道121号～県道14号などを経由して約1時間

日本庭園に咲くハナショウブ

池のある名園に咲く花を愛でる

日本武尊を祀り、1300年あまりの歴史を誇る古峯神社。境内の西側には、自然の地形を生かして作られた面積2万5千坪の廻遊式日本庭園がある。大芦川の清流が流れる峯の池を中心に、四季折々の花々が咲き、初夏の頃には色とりどりのハナショウブに彩られる、やすらぎの名園である。そして、園内を展望する"峯の茶屋"、苔むした林の中に建つ"峯松庵"、池を見渡す"静峯亭"などの風雅な建物もあり優雅な気分でくつろげる。

秋の紅葉

10月下旬～11月上旬の紅葉時期も人気のスポットで、モミジの大木が随所にあり、日本庭園を美しく彩る。

ハナショウブ（アヤメ科）豆知識
花菖蒲。日本にはアヤメの仲間が数種類自生するが、その中のひとつノハナショウブを原種として改良され、多くの園芸種がある。

カメラ上達法指南
コツとポイント　背景に池や石垣、茅葺の建物を組ませ、和風の雰囲気を出したい。風のないときなら反対側から水面に映る光景を狙うのもおもしろい。

夏なつ　日光市

戦場ヶ原～光徳沼　日光市
せんじょうがはら～こうとくぬま

● ズミ・ワタスゲを見に行こう

見頃時期…6月上旬～下旬　　ハイキング　歩行時間…約3時間30分　★★☆

■問合せ　ＴＥＬ：0288-62-2321（日光湯元ビジターセンター）
■交　通　清滝ICより国道120号で約40分

戦場ヶ原に咲くズミ

爽やかな風と光にきらめく白い花

標高1400mにある戦場ヶ原は奥日光のほぼ中央にあり、観光・ハイキングの基点になる。面積は約260ヘクタール、広大な湿原で、春から秋にかけて多くの花々が見られる。ズミは湯川沿いと、国道沿いに多く自生し、満開の頃真っ白な花のトンネルとなる。ほぼ同じ頃、湿原にはワタスゲの白い穂が見頃となり、初夏の爽やかな風に揺れる。赤沼を基点に湿原を南北に歩き、ズミの名所でもある光徳沼に寄って三本松を経由して戻るコースを紹介する。

ズミ（バラ科）豆知識

和名は染みの意味で、皮を染料に用いるためである。つぼみは赤みを帯び、天気が良いと一気に満開になる。実は赤く熟すが、黄色になる木もある。

カメラ上達法指南　コツとポイント

ズミの花は開花から満開まで、わずか数日なのでタイミングが難しい。つぼみの頃は赤味を帯びる。ワタスゲの白い穂は雨に当たるとしぼんでしまうので注意。

展望デッキから見るワタスゲの群落

光徳沼に咲くズミ

モデルコース

1	赤沼P
	1:00
2	青木橋
	0:30
3	泉門池
	0:30
4	光徳入口
	0:30
5	光徳沼
	0:30
6	三本松
	0:50
1	赤沼P

全コース距離は長いが、ほぼ平たんな道で歩きやすい。戦場ヶ原は木道歩きが多く、休憩所も随所にあり、ワタスゲの群生地近くには展望台も新設された。光徳へは逆川沿いの林の中を歩き、沼周辺にズミの花と日光連山の組み合わせが絵になる。疲れた場合、光徳入口または光徳から赤沼までバス利用も可能である。

戦場ヶ原展望台

Ⓐ…ズミの林の下を歩く
Ⓑ…ワタスゲの群生地を見渡す新展望台
Ⓒ…湿原と日光連山を一望
Ⓓ…池周辺に休憩所
Ⓔ…湿原と日光連山一望
Ⓕ…沼というより川であるが、周辺にズミの大木が多い
Ⓖ…ズミと男体山の組み合わせが絵になる
Ⓗ…国道反対側に戦場ヶ原展望台あり

道標
男女別トイレ
バリアフリートイレ
駐車場

車道
歩道
コース
車道を歩くコース

復活したレンゲツツジ

赤沼～三本松の国道沿いの湿原には、点々とレンゲツツジが自生する。シカに食べられて一時は花が咲かなかったが、湿原が柵で囲まれてから徐々に蘇り、6月中旬～下旬頃、ワタスゲの白い穂と一緒に鮮やかなオレンジ色の花を咲かせるようになった。

戦場ヶ原を彩るレンゲツツジ

戦場ヶ原の歴史

男体山の噴火によってせき止湖ができ、長い年月をかけて土砂や植物が堆積して湿原になった。現在は徐々に乾燥化も進み、いずれは草原となる。また、地名はその昔、男体山の大蛇と赤城山のムカデがこの地で戦ったという伝説に由来する。

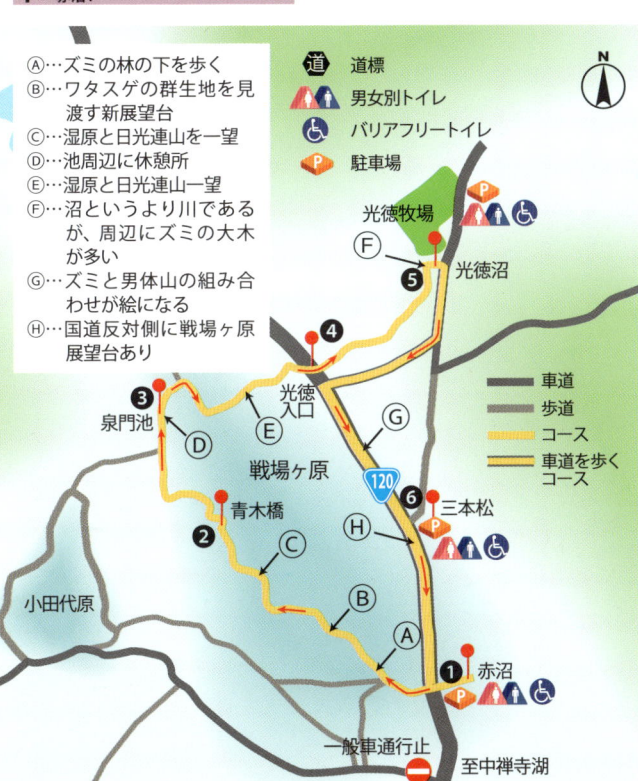

77

夏 日光市

おだしろがはら
小田代原　日光市
●アヤメ・ノハナショウブを見に行こう

見頃時期…6月中旬～7月下旬　　ハイキング　　歩行時間…約2時間30分　★★☆

- ■問合せ　ＴＥＬ：0288-62-2321（日光湯元ビジターセンター）
- ■交　通　清滝ICより国道120号で約40分

アヤメの群生地

次々に咲く花たちが草原を染める

戦場ヶ原の西にある周囲2kmほどの草原。植物の宝庫だが、一時期シカに食べられて激減、電気柵に囲まれてから徐々に復活し、現在ではアヤメ、ノハナショウブを代表に、お花畑を見ることができる。また、草原の中央には貴婦人と呼ばれる1本のシラカバが立ち、背景には日光連山も見渡せる。早朝には霧に包まれることもあり、まさに絵になる場所で、人気の撮影スポットでもある。

アヤメ（アヤメ科）
ノハナショウブ（アヤメ科）
豆知識 文目と野草菖蒲と書く。よく似ているが、ノハナショウブの花びらには黄色の1本の筋が入る点でアヤメとの区別がつく。花期はアヤメが6月、ノハナショウブは7月になってから。

カメラ上達法指南
コツとポイント　アヤメ群落は歩道から離れているので、望遠系レンズが必須。花アップでは花びらの付け根の模様が特徴なので、それがよくわかるようなアングルで撮影する。

木道から広々とした草原と男体山を望む

ノハナショウブの群生地

モデルコース

1	赤沼P
	0:50
2	小田代原入口
	0:40
3	小田代原展望台
	1:00
1	赤沼P

赤沼から小田代原入口までは、ミズナラの原生林の中を歩く、ほぼ平たんなコース。入口からは車道に出ず、北へ進むと左手の草原にアヤメの大群落が見える。再び林の中を半周し、草原の西側に出て、木道沿いが、一番のお花畑で、6月にアヤメが咲き、7月にノハナショウブが咲く。展望台からは車道を経由して往復コースを赤沼まで戻るが、シャトルバスを利用してもよい。

Ⓐ…ミズナラの原生林が美しい
Ⓑ…戦場ヶ原の展望所あり
Ⓒ…草原の中にアヤメ大群落見える
Ⓓ…シラカバ林が美しい
Ⓔ…アヤメとノハナショウブが混生（花期はややずれる）し、他の花も多い
Ⓕ…草原と日光連山の大パノラマ、絵になる光景
Ⓖ…小田代原バス停

ノハナショウブ

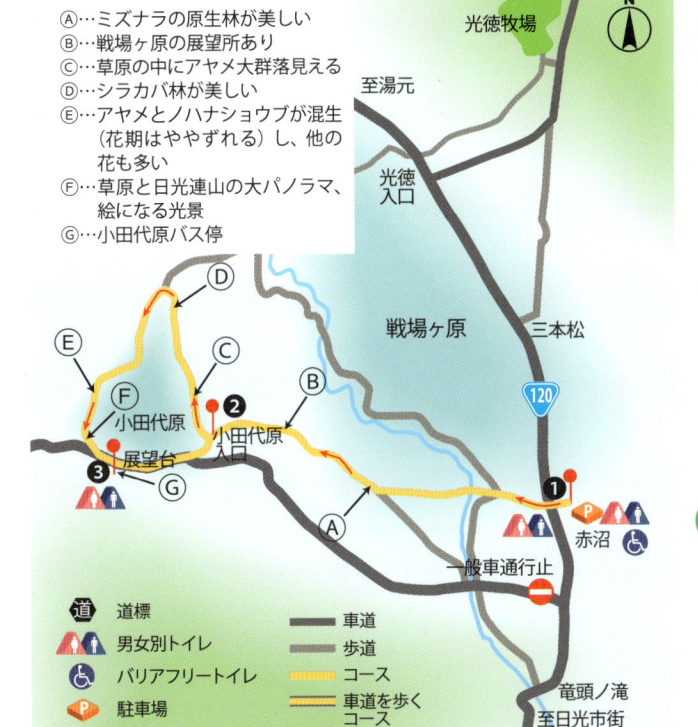

小田代原バス停

草原の朝霧

盆地状の地形のため、早朝、草原に霧が出て幻想的な光景になる。ただし、風のない晴れた日限定。日の出時間前に出発しないと見られないが、土・日曜日には赤沼から早朝バスが出る。

夏 栃木市

太平山あじさい坂　栃木市平井町
おおひらさんあじさいざか

● アジサイを見に行こう

見頃時期…6月中旬～7月上旬　　ハイキング　　歩行時間…約1時間30分　★★☆

- ■問合せ　ＴＥＬ：0282-25-2356（栃木市観光協会）　■駐車料　300円
- ■交　通　栃木ICより県道32号～309号などを経由して約10分

石畳の階段が続くあじさい坂

圧倒的なアジサイと抜群の眺望

栃木市街地の南西にある太平山は標高345m、山上からは関東平野を一望し、「陸の松島」ともいわれる景勝地である。その山麓から山頂へ至る太平山神社参道は、石畳の階段が約1000段あり、両側に約2500株のアジサイが植えられている。山上へは車でも行けるが、長い石段を随神門～太平山神社へと登り、謙信平で展望を楽しみ、連祥院六角堂へ下る一周コースを歩いてみよう。

アジサイ（ユキノシタ科）　豆知識
一般に紫陽花と書く。園芸化されたセイヨウアジサイは、日本に自生するガクアジサイを原種として、両性花をすべて装飾花に変化させた。

カメラ上達法指南　コツとポイント
梅雨時期に咲く花は、晴れた日よりも雨上がりの曇りを狙った方が雰囲気が出る。あじさい坂では石畳の階段を組ませるとよい。人の少ない朝がベストタイム。

あじさい坂入口　　　　　　　　　　　　太平山神社への階段

モデルコース

1	太平山麓市営P
	0:50
2	太平山神社
	0:15
3	謙信平
	0:20
4	六角堂
	0:05
1	太平山麓市営P

あじさい坂の階段はとにかく長いので、アジサイの花を眺めながら、一歩一歩ゆっくり登っていきたい。三角点のある山頂は神社からさらに奥へ登ったところにある。謙信平には茶屋も並び、天気が良ければ富士山も遠望できるので、ゆっくり休憩したい。六角堂へは少年自然の家近くで、女坂とも呼ばれるスギの巨木の中の坂道を下る。

Ⓐ…石畳の坂道、1000段あるのでゆっくりと
Ⓑ…急な石段を登る
Ⓒ…陸の松島とも呼ばれ、関東平野を一望、サクラと紅葉時も美しい
Ⓓ…境内にシダレザクラの巨木あり

近くのアジサイ名所

大中寺のアジサイ

太平山南麓に、古刹"大中寺"があり、スギの巨木が並ぶ参道に約3000株のアジサイが植えられている。太平山や謙信平方面からの歩道も整備されている。

サクラの名所

太山寺のシダレザクラ

太平山はサクラの名所としても知られ、遊覧道路の桜トンネルや謙信平が花見客でにぎわう。また、太山寺境内の推定樹齢350年のシダレザクラも一見の価値あり。

夏　日光市

千手ヶ浜　日光市
（せんじゅがはま）
● クリンソウを見に行こう

見頃時期…6月上旬〜下旬　　ハイキング　歩行時間…約1時間30分　★★☆

■問合せ　ＴＥＬ：0288-55-0880（日光自然博物館）
■交　通　清滝ICより国道120号で約40分

色とりどりのクリンソウの群落

濃淡さまざまな花色が美しい一面の花畑

千手ヶ浜は中禅寺湖の西端にあり、美しい砂浜が続き、湖面越しに男体山を望む景勝地である。湖へは外山沢川と柳沢川が流れ、一帯はミズナラやハルニレの大木が茂る平たん地が続く。クリンソウはもともと一部に見られたが、約20年前頃から林床のササが枯れ、急激に殖えた。一方、近年はシカに食べられて花付きがよくないが、近隣在住の伊藤さんがネットで囲み管理している場所では一面に咲き、人気の花スポットとなっている。

クリンソウ（サクラソウ科） 豆知識
和名は九輪草と書く。花は何段にも輪生し、下から上へと順に咲いていく。本来の自生の花は紅紫色だが、千手ヶ浜では赤〜ピンク〜白色といろいろな花色が楽しめる。

カメラ上達法指南
コツとポイント
人気の撮影スポット。原生林の中に小川とお花畑の組み合せ、低アングルで花アップも絵になる。ただ花見客が多いので注意。千手ヶ浜バス停付近にも群生地あり。

バス停近くの川沿いにも群生

柳沢川の乙次郎橋

モデルコース

1	赤沼P
	0:30 シャトルバス
2	千手ヶ浜バス停
	0:15
3	クリンソウお花畑
	0:15
4	千手ヶ浜より　熊窪方面往復
	1:00
2	千手ヶ浜バス停
	0:30 シャトルバス
1	赤沼P

赤沼駐車場より千手ヶ浜行きのシャトルバスを往復利用すれば、誰でも気軽に散策できる。ただし、花の最盛期（6月中旬頃）は大変混み合い、バスに乗るにも時間がかかる。熊窪方面に足を延ばしたら、真っすぐ菖蒲ヶ浜まで歩いてもよい。

千手ヶ浜に咲くシウリザクラ

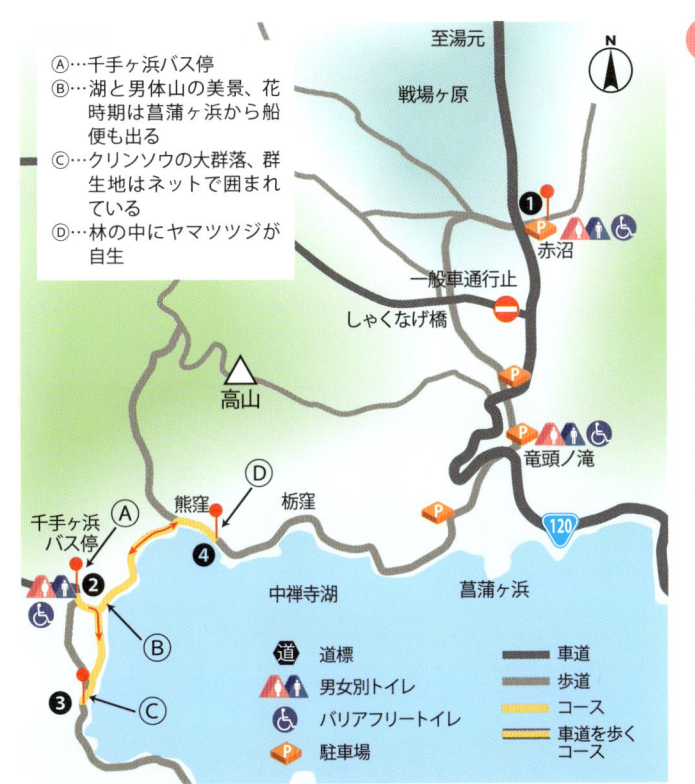

Ⓐ…千手ヶ浜バス停
Ⓑ…湖と男体山の美景、花時期は菖蒲ヶ浜から船便も出る
Ⓒ…クリンソウの大群落、群生地はネットで囲まれている
Ⓓ…林の中にヤマツツジが自生

近くの花名所

P58で湖畔のトウゴクミツバツツジを紹介したが、6月になるとヤマツツジが見頃となる。特に熊窪付近に多く自生し、新緑の美しい森の中に真っ赤な花がひときわ目立つ。クリンソウを訪ねる際、ぜひ立ち寄ってみたい。

熊窪付近に咲くヤマツツジ

夏 / 日光市

上三依水生植物園　日光市上三依682
かみみよりすいせいしょくぶつえん

●クリンソウを見に行こう

見頃時期…5月中旬～6月中旬　　散　歩　　歩行時間…1時間以内　★☆☆

- ■問合せ　ＴＥＬ：0288-79-0377（上三依水生植物園）
- ■開　園　9：00～16：30（4月15日～11月30日）　■入園料　500円
- ■交　通　西那須野塩原ICより国道400号で約45分

湿性草原に群生するクリンソウ

コンパクトな植物園は花の宝庫

五十里湖の奥、男鹿川上流の山中にある植物園。面積約2.2ヘクタール、南北に細長く、湿生植物池、水生植物池、湿生草原、ロックガーデンなどのエリア別に約300種、約30000本の花が植栽され、4月から11月まで、四季おりおりの花が観賞できる。クリンソウは湿生草原の小川沿いに群生し、紅白の花々や珍しい黄花も楽しめる。また、クリンソウの花時期が、他の花の種類も一番多く見られる。

クリンソウ（サクラソウ科）豆知識

クリンソウの本来の自生地は県内では数少ない。林の中の川沿いの湿地などに見られ、他の植物と混生しているので点々と生えている。

カメラ上達法指南
コツとポイント

クリンソウだけでなく、いろいろな種類の花がじっくり撮影できる。特にヒマラヤの青いケシが人気で、背景を黒く落とすと、青い花が際立って美しい。

キショウブの群落

カキツバタ

散策案内

草原〜湿地〜池〜ロックガーデンと一周する散策路がうまくレイアウトされている。時間をかけてゆっくり観察しながら歩きたい。

シャクナゲが咲く散策路

他の季節の花

ミズバショウ…湿生植物池に群生し、開園初期の4月まだ雪の残る頃に見頃となる。黄色のリュウキンカも併せて見られる。

ヒマラヤの青いケシ…5月下旬〜6月下旬に乾生草原近くの林の中で見られる。ヒマラヤ地方原産で珍しく、栽培困難といわれるが、美しい花を毎年咲かせる。

コマクサ…ロックガーデンには多くの高山植物が見られるが、中でも"高山植物の女王"とも呼ばれるコマクサは人気の花。見頃は6月中旬〜7月下旬。

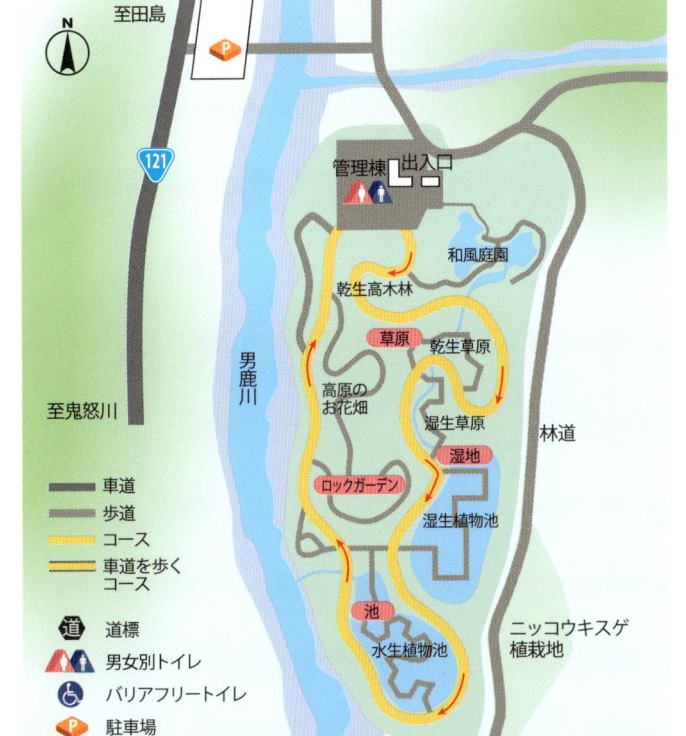

ミズバショウの群落

ヒマラヤの青いケシ

85

夏なつ　日光市

庚申山（こうしんざん）　日光市足尾町
● コウシンソウを見に行こう

見頃時期…6月上旬～下旬　　登　山　　歩行時間…約8時間30分　★★★

■問合せ　ＴＥＬ：0288-22-1525（日光市観光協会）
■交　通　清滝ICより国道122号～県道293号を経由して約40分

垂直の岩壁に自生するコウシンソウ

出合えたらハッピー。岩場に咲くかれんな花

庚申山は標高1892m、古いトロイデ状の火山で、原生林と奇岩怪石が続く。信仰の山としても歴史が古く、「南総里見八犬伝」の一舞台ともなった。この神秘的な山には国の特別天然記念物に指定されているコウシンソウが自生する。垂直の岩壁にひっそりと咲くが、お山巡りコースの危険な岩場を歩くので、登山の中級者以上向きである。また、日帰り登山も可能だが、花をじっくり観察するには、庚申山荘に一泊したほうがよい。

コウシンソウ（タヌキモ科）豆知識
名の通り庚申山と男体山～女峰山にのみ見られる。食虫植物で、葉と茎から粘液を出して小さな虫を捕る。大きさ数cmと小さく、探すのにはひと苦労する。茎はふつう二股に分かれる。

カメラ上達法指南　コツとポイント
やや湿った岩壁に咲く小さな花で、まずは見つけるのにひと苦労だが、ひとつ目にすると意外と多数自生している。岩場なので足元には細心の注意を！

庚申七滝

庚申山の全容

モデルコース

1	一日目　銀山平P
	1:10
2	一ノ鳥居
	1:30
3	庚申山荘（宿泊）
	0:30
4・5	二日目　大胎内（庚申山往復1:00）
	2:00
6	お山巡りコース（猿田彦神社跡）
	1:10
2	一ノ鳥居
	1:00
1	銀山平P

銀山平〜一ノ鳥居は林道歩き、庚申山荘までは沢沿いの登りで史跡も多く残る。山荘から山頂までとお山巡りコースは、岩場の連続でハシゴやクサリの付いた危険箇所が多く、慎重に歩きたい。コウシンソウは湿気のある岩場を探すが、足場が悪いので注意する。また山頂は林の中で、すぐ先に見晴らし台があり、皇海山方面を一望できる。

Ⓐ…銀山平〜一ノ鳥居は長い林道歩き
Ⓑ…滝へは奥の階段を下りる
Ⓒ…沢沿いのゆるやかな登り
Ⓓ…立派なログ風の山小屋。背景に庚申山の岩場を望む
Ⓔ…山頂の少し先に見晴らし台がある
Ⓕ…大胎内からのお山巡りコースは岩場の連続、危険箇所多く細心の注意

岩場に可憐に咲くユキワリソウ

ユキワリソウ

コウシンソウの花時期、岩場に点々と咲くピンクの花で、数は多く、すぐに目につく。サクラソウの仲間で可愛らしい。

庚申山荘

庚申山荘

素泊まり（寝具あり）になるので食料は持参する。水場・トイレはある。土・日曜日は管理人が駐在する。1泊2,000円

夏 なつ 日光市

霧降高原キスゲ平　日光市所野1531
きりふりこうげんキスゲだいら

● ニッコウキスゲを見に行こう

見頃時期…6月下旬〜7月中旬　　ハイキング　歩行時間…約1時間30分　★★☆

- ■問合せ　ＴＥＬ：0288-53-5337（日光霧降高原キスゲ平園地）
- ■営　業　9：00〜17：00（レストハウス）
- ■交　通　日光ICより国道119号〜県道169号を経由して約30分

ニッコウキスゲの大群落

復活した花の群落は天空回廊からの絶景で

赤薙山から南東に広がる霧降高原、中腹の小丸山の斜面一帯はキスゲ平と呼ばれ、ニッコウキスゲの名所である。以前、スキー場跡地にはリフトが運行していたが、それが撤去され、歩道が新しく整備された。標高1345mの霧降高原レストハウスから標高1582mの小丸山展望台まで木製の階段で結ばれ、途中ジグザクに散策路がレイアウトされた。自生する花々を身近に観察でき、大展望を眼下にして、花の天空回廊が楽しめる。

ニッコウキスゲ（ユリ科）　豆知識
日光黄菅と書き、ここ日光で発見され、名前の由来となっている。花は一日花だが、つぼみが多く、次々と花を咲かせる。

カメラ上達法指南　コツとポイント
霧降高原は地名の通り霧に包まれることが多い。早朝晴れた日でも午前9時頃までには青空バックはおさえておきたい。小丸山への階段はゆっくり登ろう。

小丸山より群生地を見渡す

階段途中にある展望デッキ

🚶 モデルコース

1	レストハウス前P
	1:00
2	小丸山
	0:30
1	レストハウス前P

木製の階段はほぼ直線的に1445段ある。登りは途中まで階段を利用せず、ジグザグの散策路を観察しながらゆっくり登ろう。避難小屋の先は急坂の階段が連続する。一歩一歩上がり、途中展望デッキでひと息つくとよい。小丸山から先は赤薙山〜女峰山への登山道が続き、また、丸山に登って八平ヶ原を経由してキスゲ平へ下るコースもある。

延々と続く小丸山への階段

タムラソウ

Ⓐ…巻き道周辺には花の種類が多い
Ⓑ…この周辺でニッコウキスゲの大群落が見られる
Ⓒ…ゆるやかな草原状で見晴らしが良い
Ⓓ…急坂の階段が続く。展望デッキでひと休みしながらゆっくりと
Ⓔ…キスゲ平〜関東平野を眼下に一望
Ⓕ…丸山方面、赤薙山方面への登山道が続く

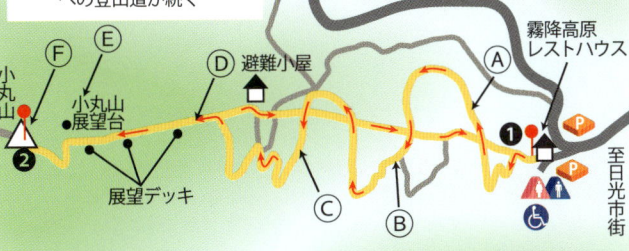

四季の花々

春…カタクリ、アカヤシオ、トウゴクミツバツツジ、シロヤシオ、ハクサンイチゲ
夏…カラマツソウ、ヒヨドリバナ、コバギボウシ、コメツツジ、シモツケソウ
秋…タムラソウ、ツリガネニンジン、ワレモコウ、ソバナ、オヤマリンドウ、リンドウ

ニッコウキスゲの保全活動

以前（30年以上前）は、日光市街地からもキスゲ平が一面黄色に染まるのが見えるほどだったが、シカの食害やササの繁茂で、激減してしまった。そのため、ネットで自生地を囲み、ササの刈払いや、苗の補植作業が続けられている。

夏 那須塩原市

沼ッ原湿原
(ぬまっぱらしつげん)　那須塩原市板室

●ニッコウキスゲを見に行こう

見頃時期…7月上旬〜中旬　　ハイキング　　歩行時間…約1時間20分　★★☆

- ■問合せ　ＴＥＬ：0287-62-7155（黒磯観光協会）
- ■交　通　黒磯板室ICより県道53号〜30号〜369号などを経由して約50分

湿原に群生するニッコウキスゲ

湿原の中の木道歩きで非日常な世界を

那須連山の西側にある沼ッ原湿原は、標高1230m、面積約7ヘクタールの高層湿原で、ニッコウキスゲを代表として多くの湿性植物が見られる。南側にある沼ッ原調整池ができてから、車で近くまで行けるようになり、手軽に歩ける花の名所として人気がある。湿原の中に木道が整備され、植物をすぐ近くで観察できる。また展望もよく、栃木・福島県境の流石山〜大倉山を湿原越しに眺めることができる。しかし、数年前よりシカの食害で荒らされている。

ニッコウキスゲ（ユリ科）　豆知識
ワスレナグサ属（ヘメロカリス）の仲間で、他にユウスゲ、ノカンゾウ、ヤブカンゾウなどが県内に自生する。

カメラ上達法指南　コツとポイント
歩行時間も短く、手軽な撮影スポット。天気が良ければ、湿原の奥に流石山〜大倉山が望める。木道が整備されているので、湿原の中には絶対に入らないこと。

湿原中央の木道を歩く

コバイケイソウ

🚶 モデルコース

1	沼ッ原P
	0:20
2	沼ッ原湿原（一周 0:30）
	0:30
1	沼ッ原P

駐車場から林の中を進み、階段状の歩道を下ると湿原を一周する歩道に出る。ニッコウキスゲが群生しているのは湿原の南側で、まずは左へ木道を進みたい。お花畑の中には木製の休憩所と展望台もあり、ニッコウキスゲとほぼ同時期にコバイケイソウも咲く。幅広い木道は湿原のほぼ中央を歩け、見晴らしの良い花散策が楽しめる。湿原の北側の歩道は林の中なので、途中で引き返し、東屋方面へ抜けてもよい。

沼ッ原調整池

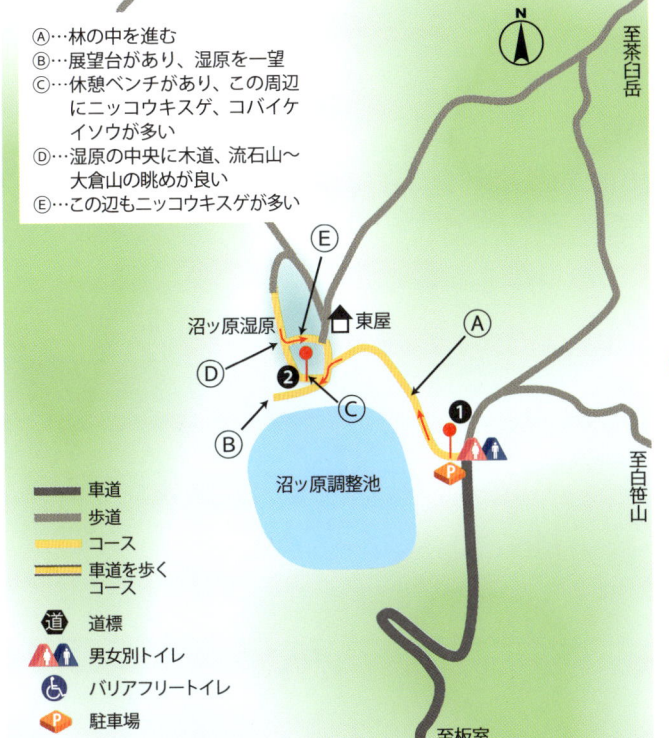

Ⓐ…林の中を進む
Ⓑ…展望台があり、湿原を一望
Ⓒ…休憩ベンチがあり、この周辺にニッコウキスゲ、コバイケイソウが多い
Ⓓ…湿原の中央に木道、流石山～大倉山の眺めが良い
Ⓔ…この辺もニッコウキスゲが多い

湿原入口の駐車場

四季の花ごよみ

4月………ザゼンソウ
5～6月…ミネザクラ、ハルリンドウ、レンゲツツジ、ズミ
7～8月…ノハナショウブ、シモツケソウ、トキソウ、サワラン、モウセンゴケ、カキラン
9～10月…サワギキョウ、エゾリンドウ、タムラソウ

夏 なつ
宇都宮市

うつのみやいせきのひろば
うつのみや遺跡の広場　宇都宮市上欠町151
● ニッコウキスゲを見に行こう

見頃時期…5月中旬～下旬　　散　歩　　歩行時間…1時間以内　★☆☆

- ■問合せ　TEL：028-659-0193（うつのみや遺跡の広場）
- ■開　園　9：00～17：00　月曜休
- ■交　通　鹿沼ICより楡木街道を経由して約10分

雑木林の斜面に群生するニッコウキスゲ　　　遺跡の広場入口　　復元された住居

街からも気軽に行ける珍しいキスゲの自生地

宇都宮市の西側、JR日光線沿いの丘陵地にあり、聖山公園造成に先立つ発掘調査で縄文時代前期の大規模な集落跡が発見された。一帯は史跡公園として保存され、復元建物が並び、資料館ではその歴史を学べる。そして園内の西側斜面、雑木林の下に約1万株のニッコウキスゲが自生している。ニッコウキスゲは一般に高い山で見られる花だが、ここは低地でも見られる珍しい自生地である。一周する自然観察路が整備されている。

他の花
雑木林の中にはエゴノキがあり、同じ時期に無数の白花を咲かせる。

ニッコウキスゲ（ユリ科）豆知識
ゼンテイカとも呼ばれ、生育地の幅が広く、高山～低山、草原～湿原に見られ、東北地方では海岸にも生育する。

カメラ上達法指南　コツとポイント
ニッコウキスゲは山だけでなく低地にも自生する。林の中なので、曇った日の方が撮影しやすい。茅葺の古代住居も被写体として面白い。

那須街道アカマツ林　那須町高久甲
●ヤマユリを見に行こう

見頃時期…7月上旬〜中旬　　散歩　　歩行時間…1時間以内　★☆☆

■問合せ　ＴＥＬ：0287-72-6918（那須町観光商工課）
■交　通　那須ICより県道17号（那須街道）で約5分

夏　那須町

一周する遊歩道が整備

那須街道に咲くアジサイ

アカマツ林内に自生するヤマユリ

広大な国有保安林で濃厚な香りと風に包まれて

那須高原へ通じる那須街道と那珂川に挟まれて、美しいアカマツ林が続く。その面積約79ヘクタール、樹齢80年の樹が約1万2千本、日本の里山として貴重な保安林である。そして林の中にはヤマユリが自生し、大輪の花を多数咲かせる。このアカマツ林内には「森林浴一万歩!?の森」として約5.8kmの遊歩道が整備され、手軽にヤマユリを見ながら森林浴も楽しめる。那須街道の車道両側にはアジサイが植栽され、ほぼ同じ時期に花が楽しめる。

他のヤマユリ名所

日光市のだいや川公園にも雑木林の下に多くのヤマユリが見られる。

豆知識
ヤマユリ（ユリ科）
山百合。日本の山に自生するユリの代表種。高さ1m以上、花は直径20cm近くあり、強い香りがある。地下のりん茎は食用にもなる。

カメラ上達法指南
コツとポイント
アカマツ林にこれだけの数が自生する場所は珍しい。ヤマユリは草丈が高いので花アップが撮りやすく、花びらの模様とオレンジの葯を見せやすいアングルで狙いたい。

夏 な つ
那須塩原市

ハンターマウンテンゆりパーク
ハンターマウンテンゆりパーク　那須塩原市湯本塩原
●ユリを見に行こう

見頃時期…7月中旬～8月下旬　　散　歩　　歩行時間…約1時間　★☆☆

- ■問合せ　ＴＥＬ：0287-32-4580（ハンターマウンテン塩原）
- ■開　園　9：00～16：00　■入園料　1,000円（入園料＋リフト片道1,600円）
- ■交　通　西那須野ICより国道400号～日塩もみじラインを経由して約40分

シラカバ林にユリが群生

まさに別世界！ゲレンデ一面に咲くユリは圧巻

明神岳（標高1627m）の北西斜面にスキー場があり、冬は一面の銀世界になるが、夏は色とりどりのお花畑となる。その花数は約500万輪にもなり、ゆり平原、ゆり回廊、ゆり大斜面、白樺の丘、サークルゆりなどテーマ別に分かれ、シーズン中には50種類のユリが次々と咲く。遊歩道が整備され、全長1000mのフラワーリフトも運行。誰でもお花畑の空中散歩や、みはらし展望台からの絶景を楽しめる。

ユリ（ユリ科）　豆知識
多くの園芸種があり、ゆりパークでは約50種類が植栽されている。早咲きのスカシユリ系にはブルネロ、ファンギオ、ロイヤルトリニティーなど、遅咲きのハイブリッド系にはカサブランカ、アカプリコ、マルコポーロなどがある。

カメラ上達法指南　コツとポイント
スキー場の斜面に一面に咲くユリもよいが、山頂駅奥のシラカバ林も人気。白い樹肌に色とりどりのユリの花が映え、林の中の歩道からいろいろなアングルが組める。

一面に咲くゆり平原 　　　　　　　　　　　山頂駅のユリの塔

🚶 モデルコース

1	ゆりパークP
	0:10
2	フラワーリフト乗り場
	0:10 リフト
3	みはらし展望台
	0:15
4	白樺の丘
	0:30
5	ゆり平原
	0:10
1	ゆりパークP

登りはリフトを利用し、みはらし展望台で大パノラマを楽しみ、サークルゆりを通って白樺の丘を登る。ここはユリの花々と白樺のコントラストが美しい人気ポイントで、一周できる。帰りはお花畑の中を下るだけ。ウッドチップの敷かれた歩きやすい道で、甘い香りとさわやかな山の空気を吸いながら、ゆっくり散策したい。

ユリ園入口

Ⓐ…フラワーリフト、ユリ園を眺めながら空中散歩
Ⓑ…眼下に色とりどりのユリ、遠く塩原〜那須の山々を一望
Ⓒ…白樺の丘ではシラカバの白い樹と色とりどりの花のコントラストが美しい
Ⓓ…お花畑の中の高原散歩
Ⓔ…見渡す限りのユリの中を歩く

- 道標
- 男女別トイレ
- バリアフリートイレ
- 駐車場
- 車道
- 歩道
- コース
- 車道を歩くコース

乗馬も楽しめる

他のユリ名所

スキー場のゲレンデを利用したユリ園として、群馬県に尾瀬岩鞍ゆり園、嬬恋鹿沢ゆり園がある。

紅葉ゴンドラ

10月中旬〜11月上旬の紅葉時期、標高1600mまで一気に運んでくれるゴンドラリフトが運行される。山頂には一周約50分の遊歩道が整備され、日光連山、関東平野を一望できる。

夏なつ　日光市

戦場ヶ原〜小田代原　日光市
せんじょうがはら〜おだしろがはら

●ホザキシモツケを見に行こう

見頃時期…7月上旬〜8月中旬　　ハイキング　　歩行時間…約3時間30分　★★☆

■問合せ　TEL：0288-62-2321（日光湯元ビジターセンター）
■交　通　清滝ICより国道120号で約40分

小田代原のホザキシモツケ群落と男体山

鮮やかに、ふんわりと咲き揺れる姿は幻想的

戦場ヶ原と小田代原は植物の宝庫。P76〜79で6〜7月に咲く花を紹介したが、7〜8月にかけても多くの花が見られる。その中でも特に目立つ花がホザキシモツケで、湿原や草原のあちこちに大群生している。日本の他の山では珍しい植物で、奥日光を代表する花と言ってもよい。夏の奥日光は涼しいので、湿原と草原に咲く花々をじっくり時間をかけて観察してみたい。

ホザキシモツケ
（バラ科）
豆知識

穂咲下野と書き、花は穂状に咲き、長期間見られる。栃木県旧名の「下野」が付く植物に、シモツケとシモツケソウもあり、日光の山で見られる。

カメラ上達法指南
コツとポイント

小田代原での撮影は早朝が面白い。晴れた日は霧がかかることがあり、そこに日が入ると絶好の被写体となる。早い時間に歩くのは大変だが、土日は早朝バスもある。

96

小田代原のノアザミ群落

戦場ヶ原のホザキシモツケ群落

モデルコース

1	赤沼P
	1:00
2	青木橋
	0:30
3	泉門池
	0:50
4	小田代原展望台
	1:10
1	赤沼P

赤沼駐車場を基点にして、戦場ヶ原〜小田代原を一周し、湿原と草原、ミズナラの原生林を歩く人気のコースである。歩く距離は多少長くなるが、急坂はなく、木道や休憩所も随所に整備されている。ただし、夏の午後は雷が発生することが多いので、できれば午前中をメインに歩きたい。途中、疲れたら小田代原からシャトルバスで赤沼へ戻ってもよい。

ハクサンフウロ

Ⓐ…湯川沿いにはホザキシモツケが多く見られる
Ⓑ…林の中にオオウバユリがぽつりぽつり咲く
Ⓒ…ホザキシモツケが大群生し、背景に男体山が見える
Ⓓ…木道沿いにノアザミが咲く
Ⓔ…この周辺にもホザキシモツケが多い

コオニユリも見られる

ノアザミ群落の変遷

小田代原を代表する花のひとつにノアザミがある。以前は草原の中央部に大群落があったが、水没による根腐れやシカの食害により、激減してしまった。近年、木道近くに急に殖えたりしたが、花数の少ない年もある。

夏 日光市

鬼怒沼 日光市川俣
きぬぬま

●コバイケイソウを見に行こう

見頃時期…7月中旬～下旬　　登山　　歩行時間…約5時間　★★★

■問合せ　TEL：0288-22-1525（日光市観光協会）
■交　通　今市ICより国道120号～県道23号を経由して約1時間30分

湿原に咲くコバイケイソウ

光る白色の花は湿原の中の道しるべ

鬼怒川の源流部にあり、標高2039m、山頂部一帯が高層湿原で周囲は約4km、大小47個の池塘が点在し、湿性植物の宝庫である。7月中旬～下旬が花の種類が一番多く見られ、その中でも背が高く、白いコバイケイソウが特に目立つ。

登山の基点は奥鬼怒温泉郷になるが、車は女夫淵までしか入れず、徒歩片道1時間30分かかるので、送迎バスのある温泉へ宿泊し、日帰り登山するのがおすすめである。

コバイケイソウ（ユリ科）
豆知識
小梅蕙草と書き、花が梅に、葉が蕙草（シラン）に似ていることに由来。不思議な花で4～5年に1回数多く咲き、翌年にはほとんど花を付けない。日光の山には花が緑白色のバイケイソウが多く自生する。

カメラ上達法指南
コツとポイント
コバイケイソウほど当たり外れの差がある花も珍しい。数年に一度真っ白に咲くが、1本も咲かない年もある。その年を当てるのは困難だが、それもまた自然界の魅力か。

木道沿いに見られるワタスゲ

金沼と白根山〜根名草山

モデルコース

1	八丁ノ湯
	0:20
2	日光沢温泉
	1:00
3	オロオソロシノ滝展望台
	1:30
4	鬼怒沼（湿原一周0:30）
	1:40
1	八丁ノ湯

奥鬼怒温泉郷からは沢沿いの道を進み、丸沼分岐点で沢と分かれ、急登が始まる。滝展望台からさらに急登が続くが、オオシラビソの樹林帯に入ると坂はゆるやかになり、突然目の前に湿原が現れる。湿原の中には一周できる木道が敷かれ、眺めも最高。日光白根山や尾瀬の燧岳を遠望できる。また、湿原の奥には避難小屋があり、雨宿りに利用できる。帰りは登ったコースを下山する。

タテヤマリンドウ

Ⓐ…ここから先、一般車両通行止め
Ⓑ…沢沿いを進む
Ⓒ…急坂の登り始まる
Ⓓ…展望台の先も急坂
Ⓔ…オオシラビソ林に入ると登りはゆるやかになる
Ⓕ…広大な湿原の中に木道が整備
Ⓖ…奥の林の中に避難小屋あり

道標
男女別トイレ
バリアフリートイレ
駐車場

八丁ノ湯

湿原の花ごよみ

6月…ミズバショウ、ショウジョウバカマ、ワタスゲ
7月…イワカガミ、タテヤマリンドウ、トキソウ、サワラン、ヒメシャクナゲ、ツルコケモモ
8月…キンコウカ、オオバキボウシ、ミズギク

車道
歩道
コース
車道を歩くコース

99

夏 なつ　日光市

田代山　日光市・南会津町（福島県）
（たしろさん）

●キンコウカを見に行こう

見頃時期…7月下旬〜8月上旬　　登山　　歩行時間…約3時間30分　★★★

■問合せ　ＴＥＬ：0288-22-1525（日光市観光協会）
■交　通　今市ICより国道120号など経由して約2時間。栃木県側の田代山林道は通行止めもあるので要確認。福島県側の湯の花温泉からはよく整備されている。

山頂湿原のキンコウカ大群落

山頂部は見晴らしのよい広大な湿原

栃木・福島県境にある奥深い山である。標高は1971mとさほど高くないが、山頂部が広大な湿原で、多くの湿性植物が見られる。また、会津駒ヶ岳や尾瀬の山々、日光連山と大展望が開け、魅力ある山でもある。以前は秘境だったが、今では田代山林道を車で行けば、日帰り登山を楽しむことができる。数多い湿原の花の中では、キンコウカ大群落が見事で、夏山シーズンのピーク時と重なる。

キンコウカ（ユリ科）
豆知識
金光花と書き、黄色の小花が多数穂状につく。高層湿原に群生し、花時期は湿原が一面黄色に染まる。

カメラ上達法指南
コツとポイント
山頂が大湿原という珍しい山。見晴らしは抜群に良いのだが、逆に背景のポイントが少ない。そんな時は延々と続く木道をポイントに入れるのもひとつの手。

田代山山頂

オサバグサ

モデルコース

1	猿倉登山口P
	1:30
2	小田代
	0:30
3	田代山
	1:30
1	猿倉登山口P

登山口は標高1390mで、山頂まで標高差約600m、距離で約2kmの登り、樹林帯の中のジグザクの登りが続くので、ゆっくり一歩一歩前進。小田代は小さな湿原なので、ここでひと休みし、山頂まではあと少しである。山頂の湿原ではお花畑と展望を時間をかけてゆっくり歩きたい。また、木道が一周整備され、左回りの一方通行となっている。湿原の少し先の林の中には避難小屋があり、トイレも新設された。

帝釈山山頂

Ⓐ…林の中の登りが続く
Ⓑ…小さな湿原
Ⓒ…山頂が広大な湿原。一周する木道が整備

帝釈山のオサバグサ

田代山の南西側、尾根伝いに帝釈山(標高2060m)がある。一帯のオオシラビソの林の下に全国的にも珍しいオサバグサの大群落がある。花時期は6月下旬～7月上旬とキンコウカより早いが、下を向き真っ白に咲く姿は一見の価値あり。桧枝岐村側の馬坂峠まで車で乗り入れ、山頂まで約50分、さらに田代山まで片道約1時間。

湿原の他の花

トキソウ、サワラン、イワショウブ、コバイケイソウ、ニッコウキスゲ、ヒメシャクナゲ、ツルコケモモ、チングルマ、タテヤマリンドウ、他

夏 なつ　那須町

南月山（みなみがっさん）　那須町
●コキンレイカを見に行こう

見頃時期…7月下旬～8月上旬　　ハイキング　歩行時間…約3時間　★★☆

- ■問合せ　ＴＥＬ：0287-74-2301（那須高原ビジターセンター）
- ■ロープウェイ　8:30～16:30（季節により変動あり）　■料　金　1,130円（大人往復）
- ■交　通　那須ICより県道17号～ボルケーノハイウェイを経由して約30分

コキンレイカと茶臼岳

かつての信仰の山に咲く可憐な花

南月山（標高1776m）は那須五峰のひとつ。安山岩の火山で古くは信仰登山が盛んであった。P38～39で日の出平のミネザクラを紹介したが、さらにその南側に続く山である。茶臼岳周辺はいつも多くのハイカーや観光客でにぎわうが、牛ヶ首から先の稜線は人が少なく、静かな花の山旅が楽しめる。コキンレイカは山頂手前のガレ場に咲き、同じ頃、ウスユキソウ、ウラジロタデ、ホツツジなどの高山植物も見られ、那須連山～会津の山々の大展望も楽しめる。

コキンレイカ（オミナエシ科）豆知識
小金鈴花と書き、小さな黄色い鈴のような形の花を多数咲かせる。別名ハクサンオミナエシ。那須では朝日岳方面にも自生する。

カメラ上達法指南　コツとポイント
岩礫地に点々と咲くので上から撮っても絵にならない。地面すれすれのアングルで、背景に茶臼岳を組んでみる。広角系レンズで花に思い切り寄ってみた。

ロープウェイ山麓駅

南月山山頂

モデルコース

1	ロープウェイ山麓駅
	0:04
2	山頂駅
	0:30
3	牛ヶ首
	0:30
4	日の出平
	0:30
5	南月山
	0:30
4	日の出平
	0:20
3	牛ヶ首
	0:30
2	山頂駅
	0:04
1	ロープウェイ山麓駅

那須ロープウェイを利用して往復すれば、急な上り下りも少なく比較的手頃なハイキングコースとなる。そして何より、全コース展望が開け、標高の割には高い山を歩いている気分が味わえる。ただし、稜線なので、天候が荒れると雨風が強いので、十分に注意したい。山頂には南月山神社の小さな祠があり、黒尾谷岳や白笠山へと続くコースもある。

ホツツジ

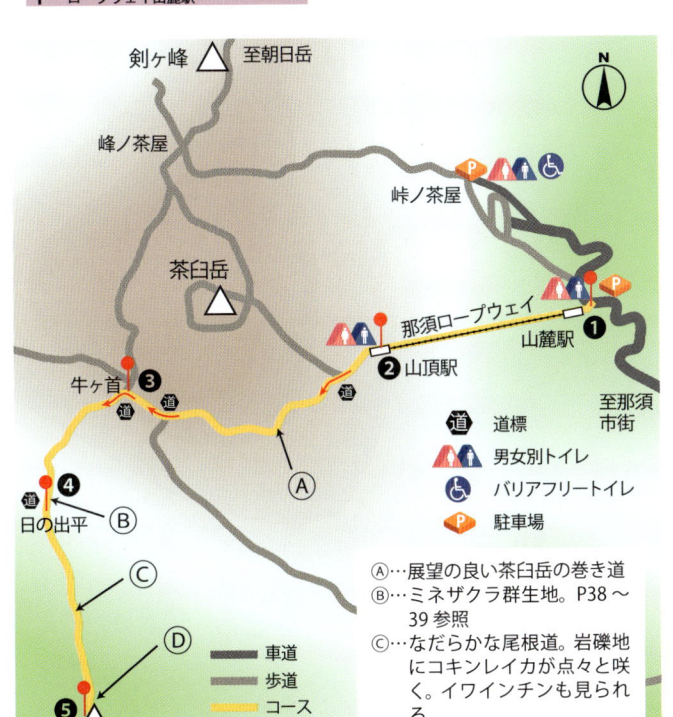

Ⓐ…展望の良い茶臼岳の巻き道
Ⓑ…ミネザクラ群生地。P38〜39参照
Ⓒ…なだらかな尾根道。岩礫地にコキンレイカが点々と咲く。イワインチンも見られる
Ⓓ…山頂に南月山神社がある

珍種、イワインチン

イワインチン

コキンレイカの自生するガレ場のふちに見られ、全国的にも自生地の少ない貴重な高山植物である。花期は8月下旬〜9月上旬で、茎の先に黄色の小花が集まって咲き、海岸に自生するイソギクと似ている。

103

夏 なつ　日光市

日光白根山　日光市
にっこうしらねさん

●ハンゴンソウを見に行こう

見頃時期…7月下旬～8月中旬　　登　山　　歩行時間…約6時間　★★★

- ■問合せ　　TEL：0288-62-2321（日光湯元ビジターセンター）
- ■ロープウェイ　7:30～16:30（季節・曜日で変動）　■料　金　2,000円（大人往復）
- ■交　通　清滝ICより国道120号で約1時間20分　※湯元～丸沼間に予約制のシャトルバスが運行

五色沼周辺に群生するハンゴンソウ

黄色に埋もれての夏登山

日光白根山はコニーデ型の火山で標高2578m、県内はもとより関東以北の最高峰である。登山ルートは湯元温泉、金精峠、菅沼などからあるが、丸沼高原からロープウェイを利用すると2000mからの登りで最短ルートとなる。花の名山としても知られ、シラネアオイを代表に、シラネ○○の植物が数多くある。ところがシカの食害等で植生は一変し、近年ハンゴンソウが各所に大繁殖し、一面黄色のお花畑が出現している。

ハンゴンソウ（キク科）　豆知識
反魂草と書く。以前から自生はしていたが、日当たりのよい草地に大群落をつくり、特に五色沼畔に多い。北米原産の帰化植物であるオオハンゴンソウとは別属。

カメラ上達法指南　コツとポイント
一面黄色のお花畑、背景に奥白根の岩峰と五色沼、誠に絵になるカットだが、以前とは全く異なる花風景。これもシカの影響で、これでよいのかと考えさせられる。

白根山山頂

山頂より五色沼方面を望む

モデルコース

1	丸沼高原P
	0:10 ロープウェイ
2	山頂駅
	0:50
3	七色平分岐
	1:50
4	日光白根山
	1:00
5	五色沼
	0:40
6	弥陀ヶ池
	0:40
3	七色平分岐
	0:40
2	山頂駅
	0:10 ロープウェイ
1	丸沼高原P

山頂駅から七色平分岐を経て、樹林帯の中のなだらかな登りが続き、急坂を登り切ると白根山の岩峰が見え、ガレ場の急坂が続く。山頂は360度の大展望が待っている。山頂からはガレ場の急坂を慎重に下り、避難小屋を経て五色沼へ下る。沼畔はお花畑があり広々としていて気持ちがいい。再び弥陀ヶ池へ登り、七色平経由で山頂駅へ下山する。全コース健脚向きで、体力に合わせ、山頂から下山してもよい。

ロープウェイ山頂駅

よく見かける野生のシカ

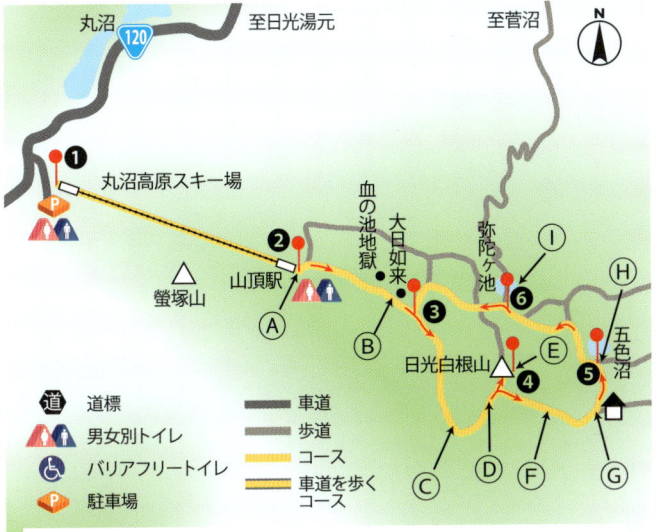

シラネアオイの変遷

前述の通り、五色沼や弥陀ヶ池周辺の群生地は1990年代に全滅、一部が電気柵で囲まれて保護されているが、昔の面影は無い。一方、山頂駅のロックガーデンとその周辺のオオシラビソの林の中に植栽され、6月上旬〜下旬には美しい青紫色の花が見られる。

- Ⓐ…標高2000mの山頂駅、足湯もある
- Ⓑ…林の中のゆるやかな登り
- Ⓒ…登りは次第に急坂になる
- Ⓓ…樹林帯を抜けるとガレ場の急坂
- Ⓔ…山頂は360度の大展望。ここからコース短縮して弥陀ヶ池方面に下りてもよい
- Ⓕ…ガレ場の急坂
- Ⓖ…避難小屋。食料持参で宿泊できる
- Ⓗ…静寂の湖畔にハンゴンソウが群生
- Ⓘ…小さな池で、かつては座禅山斜面にシラネアオイが群生

夏 なつ

野木町

野木（のぎ） 野木町野木
●ヒマワリを見に行こう

見頃時期…7月下旬～8月上旬　　散　歩　　歩行時間…1時間以内　★☆☆

■問合せ　　TEL：0280-57-4153（野木町ひまわりフェスティバル実行委員会）
■交　通　　佐野藤岡ICより国道50号～4号を経由して約40分

一面に咲くヒマワリ畑

展望台の上から

いろいろな種類を栽培

夏空の下、爽快に咲く黄色の大輪

花とレンガのまち野木町では毎年夏に"ひまわりフェスティバル"が開催される。もともと新旧住民の町への愛着意識を高めるために始まり、20年以上続き、夏の風物詩として定着してきた。ヒマワリは高さ約2mあり、展望台に上がれば、一面黄色の花畑を一望できる。また、畑の中を縫うように「ひまわり大迷路」も設置され、楽しませてくれる。

近くの花名所

野木町南部の野木神社には推定樹齢1200年のイチョウの巨木があり、秋の黄葉時期は見事である。また、ニリンソウの群落もあり、花の時期は4月上旬～中旬。

ヒマワリ（キク科）　豆知識 その1

直径20～30cmもある大きな花は、外側に舌状花、内側に管状花という2種類の小花が500～2000個も集まっている。管状花に雄しべと雌しべがあり、実をつける。

カメラ上達法指南

コツとポイント

向日葵と書き、花は太陽に向かって咲くという俗説があるが、実は南東向きにほぼそろって咲く。順光で青空バックに撮影するなら午前中、午後は逆光になる。

益子 益子町上山(ましこ)
●ヒマワリを見に行こう

見頃時期…8月上旬〜下旬　　散歩　　歩行時間…1時間以内　★☆☆

■問合せ　ＴＥＬ：0285-72-3101（ましこ花のまちづくり実行委員会）
■交　通　真岡ICより県道47号〜257号を経由して約20分

夏なつ　益子町

広々としたヒマワリ畑

200万本ものひまわりは圧巻！

陶芸の町として知られる益子の南西部、小貝川沿いの水田地帯に、美しい景観づくりを目指して夏はヒマワリ、秋はコスモスの広大なお花畑がつくられる。ヒマワリ畑は上山地区の水田約10ヘクタールに200万本が咲き、展望台が設置され、土日曜日には農産物の直売所も行われる。コスモス畑は生田目地区で、面積約13ヘクタールと広大なお花畑となる。なお、作付する水田は毎年変わる。

近くの花名所

上三川町の日産栃木自動車大学校北側に、約3ヘクタール、約10万本のヒマワリが咲き、8月下旬「かみのかわサンフラワー祭り」が開催される。また、野木、益子、上三川の3ヶ所のヒマワリ名所が共催して、サンサンスタンプラリーが行われている。

ヒマワリ（キク科）豆知識その2
北アメリカ原産の一年草で、観賞用や種子油用に広く栽培される。向日葵と書き、花は太陽に向かって回転すると思われるが、それは誤説で、南東向きに咲く。

カメラ上達法指南
コツとポイント
益子のヒマワリは比較的草丈が低いが、それでも脚立などを使って、高いアングルで広々としたお花畑を撮りたい。背景に夏の青空と入道雲が出れば最高。

秋 あき

AUTUMN

オミナエシ

ホテイアオイ

シュウカイドウ

ヒガンバナ

コスモス

紅葉

みのざわ彼岸花の里＊ヒガンバナ

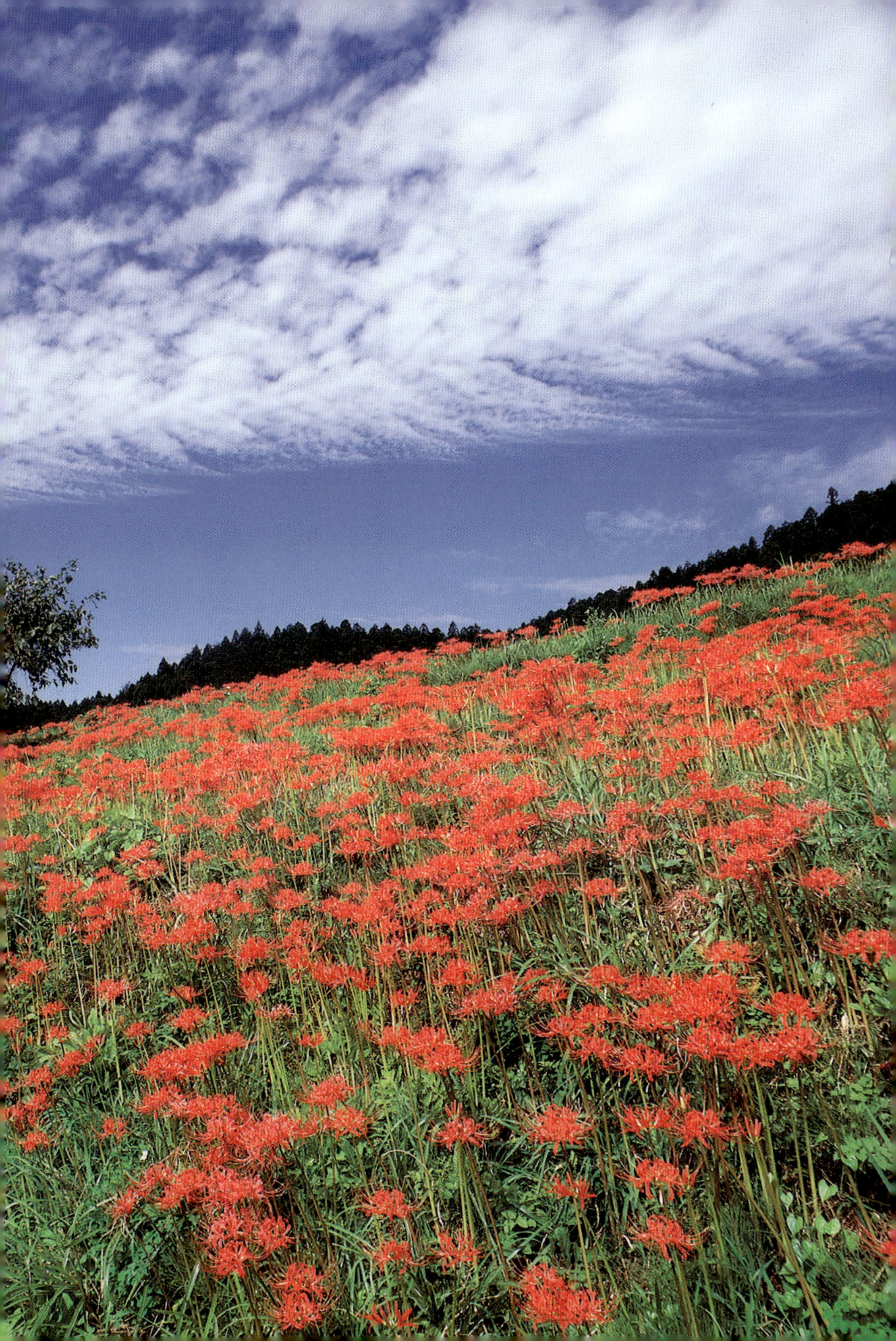

秋 / 栃木市

花之江の郷（はなのえのさと） 栃木市都賀町大柿1312

● オミナエシを見に行こう

見頃時期…8月中旬〜9月下旬　　散歩　　歩行時間…1時間以内　★☆☆

- ■問合せ　ＴＥＬ：0282-92-8739（花之江の郷）　■開園　9：00〜16：00（季節により変動あり）
- ■入園料　300〜500円（季節により変動あり）
- ■交通　都賀ICより県道3号〜国道293号を経由して約10分

一面に咲くオミナエシ

アクセス便利、手軽に楽しめる四季の花々

変化に富んだ地形を生かし、山、郷、林、湿地の4つのテーマ別につくられた植物園である。面積約5ヘクタール、約800種の植物が四季おりおりに咲き、どの季節に訪れても花と対話でき、心が和む。オミナエシは秋の七草のひとつで、自生の姿は少なくなってしまったが、花之江の郷では鏡池の横に大群生し、一面黄色の花が秋風に揺れる。また、同じ時期、紅紫色のミソハギの群落も見頃となり、黄色と赤のコントラストも美しい。

オミナエシ（オミナエシ科）豆知識
女郎花と書き、全体に優しい感じの草姿を女性にたとえて付いた名であろう。それに対し、白花を咲かせるオトコエシもある。秋の七草は本種の他、ハギ、ススキ、クズ、ナデシコ、フジバカマ、キキョウがあり、園内ですべて見られる。

カメラ上達法指南　コツとポイント
オミナエシとミソハギが群生しているので、黄色と紅紫の色の組み合わせをうまく使いたい。園内には他の秋の七草が咲いているので併せて撮りたい。

ミソハギの群落（秋）

ハナショウブの群落（夏）

散策案内

園内は細長く、木道と歩道がくまなく整備され、山～郷～林～湿地の順に一周できる。じっくり植物を観察して写真も撮りながら歩くと、数時間はかかる。途中で休憩できるように、スイレン池の横には洗心亭、鏡池の近くにはあやめ茶屋がある。散策の後、メダカ池の横にある自然荘では食事・喫茶を楽しめる。

※林～湿地ゾーンは休園中

受付入口

レンギョウとサクラ（春）

エビネ（初夏）

季節の花ごよみ

春…セツブンソウ、フクジュソウ、カタクリ、キバナカタクリ、クマガイソウ、レンギョウ、サクラ、モモ、他

初夏…エビネ、サイハイラン、クリンソウ、サンショウバラ、オダマキ、ニッコウキスゲ、カキツバタ、他

夏…ハナショウブ、古代ハス、エゾミソハギ、ヤマアジサイ、クサレダマ、クガイソウ、ギボウシ、他

秋…オミナエシ、ミソハギ、ヒガンバナ、レンゲショウマ、ヒオウギ、シュウメイギク、ナンバンギセル、他

111

秋 あき　栃木市

おおひらまちのすいでん
大平町の水田　栃木市大平町川連
● ホテイアオイを見に行こう

見頃時期…8月中旬～9月下旬　　散　歩　　歩行時間…1時間以内　★☆☆

■問合せ　ＴＥＬ：0282-25-2356（栃木市観光協会）
■交　通　栃木ICより県道32号～309号を経由して約10分

ホテイアオイの群落

青くふっくらとした葉に映える青紫の花

昔、金魚鉢や水槽に入れた水草を思い出すが、このホテイアオイが夏から秋にかけて水田一面に咲く花名所がある。川連で農業を営む熊倉さんが、休耕田を利用して毎年栽培している。水田の横には東武日光線があり、花と電車の組み合わせが人気である。また、晴れた日には昼頃から青空に入道雲が湧くこともあり、ちょっと変わった花風景も楽しめる。ただし、駐車場はないので道路脇に迷惑のかからないように止めること。※現在栽培休止中

他のホテイアオイ名所

埼玉県加須市の道の駅"童謡のふる里おおとね"でも毎年、水田に栽培している。

ホテイアオイ（ミズアオイ科）豆知識
布袋葵と書き、葉柄のふくれた部分を布袋様の腹に見立てて付いた名である。熱帯～亜熱帯原産の水生植物で、観賞用に栽培される。日本の気候では夏に大繁殖するが、冬には枯れてしまう。

カメラ上達法指南　コツとポイント
ホテイアオイの花と電車の組み合わせを狙って、多くのカメラマンが集まる。近くに踏み切りがあるので、電車が来るのを知らせてくれる。

出流ふれあいの森　栃木市出流町417
（いづるふれあいのもり）
● シュウカイドウを見に行こう

秋　栃木市

見頃時期…8月中旬～9月中旬　　散　歩　　歩行時間…1時間以内　★☆☆

■問合せ　ＴＥＬ：0282-25-2356（栃木市観光協会）
■交　通　栃木ICより県道32号～202号を経由して約20分

川沿いに群生するシュウカイドウ

秋の初め、川面に垂れるピンクの小花

山深い森の中にあり、キャンプ場や体験交流センターなどが整備され、夏休み中は多くの子どもたちや家族連れでにぎわう。森の奥からは清らかな出流川が流れ、その両岸の石垣にシュウカイドウが群生している。10数年前に地元の人が植えた株が殖えたといわれ、今では約200mにもわたる大群落となった。また、近くの満願寺周辺にも見られ奥の院にかけての渓流沿いに群生している。

他の季節の花

ふれあいの森周辺には、アジサイが多く植えられ、初夏の頃に楽しめる。また、駐車場の脇にはシキザクラが植栽され、秋にサクラの花も見られる。

豆知識　シュウカイドウ（シュウカイドウ科）
秋海棠と書き、花が秋に咲き、カイドウ（バラ科）に花色が似ているため付いた名である。中国原産で、湿気のある場所で野生化している。ベゴニアの仲間。

カメラ上達法指南　コツとポイント
川の流れとの組み合わせで撮影できる。雨上がりの朝、川霧が出ることもあるので、そんなときはシャッターチャンス。マクロレンズで花アップも面白い。

113

秋 あき 那須町

みのざわひがんばなのさと
みのざわ彼岸花の里　那須町蓑沢
● ヒガンバナを見に行こう

見頃時期…9月中旬～10月上旬　　**散　歩**　　歩行時間…1時間以内　★☆☆

- ■問合せ　ＴＥＬ：0287-76-2619（那須町観光協会）
- ■交　通　那須ICより県道178号～60号を経由して約30分

土手に群生するヒガンバナ

一周する遊歩道が整備　　みのざわの全景

稲穂の頃、鮮やかに彩られる田園風景

源義経にまつわる伝説が残る東山道、その伊王野から八溝山中に約6kmほど入った山間部に蓑沢（美野沢）地区があり、田んぼの土手にヒガンバナの大群生地がある。昔ながらの湾曲した高さ5mほどの土手で、約300mにわたり、一面真っ赤な花で埋まる。近年人気が高まり、地元自治会で整備・保護しており、一周する歩道もきれいになった。花時期の頃、田んぼの稲も収穫期で、黄色に輝く稲穂とそれを干す"はぜかけ"も見られ、懐かしい秋の田園風景が楽しめる。

他の花
昔ながらの土手にはいろいろな植物が自生している。ヒガンバナの咲く頃には、ノコンギク、ツルボ、ミゾソバなども咲いている。

ヒガンバナ（ヒガンバナ科）豆知識 その1
秋の彼岸の頃に花を咲かせるのでこの名が付いた。別名マンジュシャゲ（曼珠沙華）。花の咲いている時期には葉はなく、晩秋に葉が出て冬を越し、春には枯れる。古く中国から渡ってきたともいわれる。

カメラ上達法指南
コツとポイント　昔ながらの曲線のある土手に群生しているので絵になる。晴れた日に秋の雲が出れば情景が良くなる。秋の雲の動きは早く、ねばって撮影したい。

常楽寺 （じょうらくじ） 鹿沼市下粕尾949
● ヒガンバナを見に行こう

見頃時期…9月中旬〜下旬　　散　歩　　歩行時間…1時間以内　★☆☆

■問合せ　ＴＥＬ：0289-83-0971（常楽寺）
■交　通　栃木ICより県道32号で約20分

秋 あき　鹿沼市

ハギの花も見頃

中粟野のヒガンバナの群生地

参道沿いに群生するヒガンバナ

爽秋、真っ赤に染まる参道を歩く

横根山を源とする清流"思川"の上流部、粕尾地区の山里に常楽寺はある。「東国花の百の寺」のひとつとして知られ、四季を通して花々が見られるが、中でも秋のヒガンバナが一番人気である。歴史ある録事尊や薬師堂を背景に、参道と土手に一面に咲き、真っ白なソバ畑とのコントラストも美しい。また、録事尊の奥には紅白のハギも植えられ、ヒガンバナよりやや早い時期に見頃となる。

近くの花名所

山ひとつ北側、粟野川沿いの中粟野地区にも"遊の里ヒガンバナ群生地"があり、やや早い時期から見頃となり、川沿いに一周する遊歩道が整備されている。

ヒガンバナ（ヒガンバナ科）豆知識 その2
地下にあるりん茎はラッキョウを大きくしたような形で、有毒植物の一種だが、一方で、これをさらしてでん粉をとって食用にもした。

カメラ上達法指南
コツとポイント：参道沿いに群生し、ソバ畑の白い花や、趣のある建築物やお地蔵様など、いろいろな組み合わせで撮影が楽しめる。雨上がり、露のついた花アップも味わいがある。

115

秋 あき　高根沢町

きぬグリーンパーク
鬼怒グリーンパーク　　高根沢町宝積寺
● コスモスを見に行こう

見頃時期…10月上旬〜下旬　　**散　歩**　　歩行時間…1時間以内　★☆☆

- ■問合せ　　ＴＥＬ：028-675-1909（公園管理事務所）
- ■交　通　　宇都宮上三川ICより国道新4号を経由して約30分

一面に咲くコスモス

秋空のもと、揺れるコスモス畑の中を散策

栃木県の中央部を南北に流れる鬼怒川、その河川敷に「水との出会い」をテーマに整備された公園である。川沿いには約700mにわたってお花畑があり、春にはナノハナ、秋にはコスモスが咲き、特にコスモスはピンク、紅紫、白、黄色と色とりどりで秋風に揺れる姿は人気がある。また、花時期には高さ2mくらいの展望台も整備され、一面に咲くお花畑を見渡せる。

コスモス（キク科）
豆知識
秋桜とも書くが、コスモスの名は学名の属名である。メキシコ原産の一年草で、江戸時代に渡来し、色も多彩で多くの種類がある。

カメラ上達法指南
コツとポイント
草丈が高いので、脚立などあれば便利。北側には展望台も設置されている。背景にポイントは少ないので、青空に秋の雲が出るのを期待。送電線には注意すること。

黄花コスモス 　　　　　　　　　　　　赤いソバの花

散策案内

南北に細長い公園で、芝生の広場や池が配置され、随所に休憩所もあり、のんびり歩いてくつろぎたい。また、サイクリング、ボート、水上アスレチックなどの有料施設もあり、家族やグループで一日楽しめる。コスモス開花中の土・日曜日にはいろいろなイベントも開催される。

入口案内図 　　　　　　　　　　　　水上アスレチック

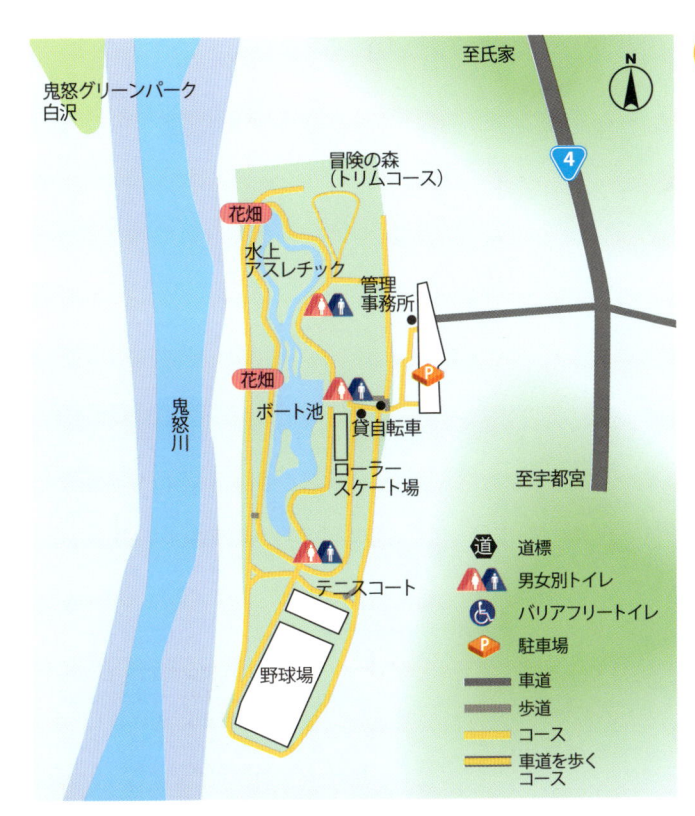

鬼怒グリーンパーク白沢

鬼怒川をはさんで対岸のやや北側にある姉妹公園。広々とした芝生があり、見どころの花はポピーで、真っ赤なヒナゲシとオレンジや白のカリフォルニアポピーも一面に咲く。花の見頃は5月中旬～6月上旬。

白沢園のポピー

地図凡例：
- 道標
- 男女別トイレ
- バリアフリートイレ
- 駐車場
- 車道
- 歩道
- コース
- 車道を歩くコース

地図内ラベル：鬼怒グリーンパーク白沢／至氏家／冒険の森（トリムコース）／花畑／水上アスレチック／管理事務所／花畑／ボート池／貸自転車／ローラースケート場／鬼怒川／テニスコート／野球場／至宇都宮

秋 あき　那須町

朝日岳〜姥ヶ平　那須町
あさひだけ〜うばがだいら

●紅葉を見に行こう

見頃時期…9月下旬〜10月中旬　　登　山　　歩行時間…約5時間　★★★

■問合せ　　ＴＥＬ：0287-74-2301（那須高原ビジターセンター）
■交　通　　那須ICより県道17号で約40分

姥ヶ平の紅葉と茶臼岳

難易度はやや高め。ごほうびは鮮やかな絶景

那須連山の紅葉は県内で一番早く、しかも色鮮やかである。主峰の茶臼岳（1915m）〜朝日岳（1896m）は岩礫で樹木は少ないが、朝日岳〜三本槍岳（1917m）の稜線は高山ハイマツ帯で、ナナカマドやミネザクラの赤やオレンジが美しく、山容の眺めも素晴らしい。そして、那須の山で紅葉の一番の見どころは、姥ヶ平。白煙を上げる茶臼岳を背景に見る色鮮やかな光景は一度は訪ねてみたい名所である。

紅葉豆知識 その１

紅葉は最低気温が8℃以下になると色づき始まるといわれる。ではなぜ葉の色が変わるかというと、葉にはクロロフィル（葉緑素）という緑色の色素があり、落葉前に光合成でつくられた養分がアントシアニンという赤色の色素に変化、これが紅葉である。黄葉はカロチノイドという黄色の色素が残るため。

カメラ上達法指南

コツとポイント

姥ヶ平の紅葉は那須で一番の撮影スポット。噴煙を上げる茶臼岳を背景に雄大な風景が撮れる。ひょうたん池の映り込みもポイント。駐車場が混むので早朝の出発を。

峰ノ茶屋への登り

朝日岳より茶臼岳を望む

モデルコース

1	峠ノ茶屋P	
		1:00
2	峰ノ茶屋	
		1:00
3	朝日岳	
		0:20
4	熊見曽根	
		0:45
2	峰ノ茶屋	
		0:20
5	牛ヶ首	
		0:15
6	姥ヶ平	
		0:40
2	峰ノ茶屋	
		0:40
1	峠ノ茶屋P	

駐車場から階段状の道を登り始め、樹林帯を抜けると朝日岳を眺めながらゆるやかな登りとなる。峰ノ茶屋〜朝日岳は岩場の急坂やクサリ場があるので注意。朝日岳〜熊見曽根は三本槍岳や流石山方面の紅葉が素晴らしい。峰ノ茶屋へ戻り、牛ヶ首を経由して姥ヶ平に下る。姥ヶ平の少し先にひょうたん池があり、ここも往復したい。帰りは牛ヶ首まで登り返し、峰ノ茶屋経由で峠ノ茶屋まで下山。天気が良ければ問題ないが、悪天の場合、峰ノ茶屋から先の稜線は突風が吹くので、無理せず引き返すこと。

峠ノ茶屋駐車場

峰ノ茶屋付近

凡例:
- 道 道標
- 男女別トイレ
- バリアフリートイレ
- P 駐車場
- 車道
- 歩道
- コース
- 車道を歩くコース

Ⓐ…アルペン的な朝日岳、鬼面山にかけての斜面の紅葉がきれい
Ⓑ…避難小屋あり。登山の中継地点で人が多い
Ⓒ…岩場の急坂、クサリ場などあり。慎重に
Ⓓ…360度の大展望
Ⓔ…緑のハイマツ帯に赤、黄色混じり、特に三本槍岳方面がきれい
Ⓕ…茶臼岳を背景に紅葉の絶景、ひょうたん池にはその景色が映る
Ⓖ…無間地獄、いつも白煙が上がる。有毒ガスを含んでいるので注意

他の紅葉コース

一泊コースとなるが、熊見曽根より三本槍岳に登り、大峠を経由して三斗小屋温泉に宿泊。翌日姥ヶ平を経由して峰ノ茶屋〜峠ノ茶屋へと一周するコースも人気。

119

秋 あき　日光市

半月山～中禅寺湖　日光市
はんげつさん～ちゅうぜんじこ

●紅葉を見に行こう

見頃時期…10月上旬～下旬　**ハイキング**　歩行時間…約2時間20分　★★☆

- ■問合せ　TEL：0288-55-0880（日光自然博物館）
- ■交　通　清滝ICより国道120号で約30分

半月山展望台より奥日光の大パノラマ

全国有数の紅葉スポットはバスを賢く利用して

奥日光の紅葉は全国的に人気スポットで、多くの人と車でにぎわう。その中において中禅寺湖南岸方面は比較的混み合いがなく、奥日光の大パノラマと湖畔の静かな紅葉が楽しめる。中禅寺湖道路は半月山南側で行き止まりだが、中禅寺温泉～半月山のバスが運行されているので、歌ヶ浜駐車場を基点にバスを利用すると、半月山に登って湖畔に下り、歌ヶ浜まで歩いて戻るコースが組める。

紅葉豆知識 その2

紅葉する樹木の主役はカエデ（モミジ）で、湖南岸一帯には多くの種類がある。形が大きく色鮮やかなハウチワカエデ、葉は小さくオレンジ色のコミネカエデ、黄色の代表的なイタヤカエデなどが特に多い。

カメラ上達法指南

コツとポイント　半月山展望台は奥日光の大パノラマが撮れるが、撮影場所が狭いのでお互いに譲り合うこと。八丁出島の紅葉は超一級品、朝8時頃に日が入り、湖面が鏡になることも。

八丁出島と白根山　　　　　　　　　足尾側の紅葉

モデルコース

1	歌ヶ浜P
	0:20 バス
2	半月山P
	0:50
3	半月山展望台
	0:20
4	半月峠
	0:30
5	狸窪
	0:40
1	歌ヶ浜P

バス終点の半月山から展望台へは、いきなり急坂の登りから始まるのでゆっくりと。木製の展望台は狭いが、中禅寺湖を眼下に日光連山の大パノラマが楽しめる。半月峠までは急坂が続くが、湖畔の狸窪までは坂はゆるやかになる。湖畔の車道（一般車通行止）からは紅葉と湖越しの風景がじっくりと楽しめる。

半月山駐車場

Ⓐ…足尾側、利根倉沢の紅葉も美しい
Ⓑ…急坂。滑りやすいのでゆっくりと
Ⓒ…展望台はベンチもあるが狭い。順番に絶景を楽しもう
Ⓓ…急坂続くが眺めは良い
Ⓔ…湖畔の砂浜に行くと、八丁出島をすぐ近くに湖面越しの男体山が美しい
Ⓕ…ところどころ水辺まで下りられ、好撮影ポイント多数

半月山展望台

イタリア大使館別荘記念公園

中禅寺湖畔はかつて国際避暑地として発展した。館内は当時の建具などを復元し、歴史館として整備されている。ソファーに座ると、目の前に湖と白根山の絶景をゆっくり眺められる。開館は4～11月（9:00～16:00）。

秋 日光市

西ノ湖〜中禅寺湖　日光市
さいのこ〜ちゅうぜんじこ

● 紅葉を見に行こう

見頃時期…10月中旬〜下旬　　**ハイキング**　　歩行時間…約2時間20分　★★☆

- ■問合せ　ＴＥＬ：0288-55-0880（日光自然博物館）
- ■交　通　清滝ICより国道120号で約40分

千手観音堂跡付近より男体山を望む

太陽の光に映える水と空の青、紅葉の赤や黄色

西ノ湖はその昔、中禅寺湖の一部であったといわれる遺留湖で、ミズナラやヤチダモの原生林に囲まれ、神秘的な雰囲気がある。そして中禅寺湖の千手ヶ浜までには、ミズナラの原生林を歩く"千手の森歩道"が整備され、静かな紅葉の散策が楽しめる。さらに湖畔を南へ歩き、千手観音堂跡まで行くと、紅葉を前景にして、静かな湖と男体山の雄姿が眺められる。

紅葉豆知識 その3
紅葉は標高の高い場所から始まり、次第に低い場所へと移っていくが、場所によって紅葉する樹木の種類も変わっていく。中禅寺湖周辺は山地帯で、ミズナラやブナを主として種類がとても多く色鮮やかである。

カメラ上達法指南
コツとポイント　中禅寺湖の千手ヶ浜から南岸にかけてカエデが多く、湖面越しには男体山を望み、絵になるポイントが多い。午前中、風がなければ鏡になるのでシャッターチャンス。

西ノ湖の紅葉

千手ヶ浜

モデルコース

1	赤沼P
	0：30 シャトルバス
2	西ノ湖入口
	0：30
3	西ノ湖
	1：00
4	千手ヶ浜
	0：20
5	千手観音堂跡
	0：30
6	千手ヶ浜バス停
	0：30 シャトルバス
1	赤沼P

全体に平たんな道のコースで、急な上り下りはなく、のんびりと紅葉散策を楽しめる。西ノ湖は水位の変動が大きく、満水の時は歩道まで水につかるが、渇水時は湖畔を自由に歩ける。西ヶ浜からカクレ滝方面へ行く場合は道はなく、迷いやすいので経験者同行のこと。

柳沢川の吊橋を渡る

Ⓐ…カラマツ林の中の林道
Ⓑ…吊り橋を渡るとミズナラの原生林
Ⓒ…カラマツ林
Ⓓ…ミズナラの原生林、カエデ類も多く自生
Ⓔ…ハルニレの巨木が多い
Ⓕ…クリンソウ群生地
Ⓖ…湾になっているので、湖面は静か

道標
男女別トイレ
バリアフリートイレ
駐車場

千手ヶ原の紅葉

近くの紅葉名所

赤沼からのバス移動途中、小田代原にも立ち寄ってみたい。モザイク模様の草紅葉は9月下旬〜10月上旬、カラマツの黄葉は10月中旬〜下旬が見頃で、数年に一度の割で、草原に水が溜まり、沼が出現する。地図79P参照。

123

秋 あき　日光市

瀬戸合峡　日光市川俣
せとあいきょう

● 紅葉を見に行こう

見頃時期…10月中旬～11月上旬　　ハイキング　　歩行時間…約1時間30分　★★☆

■問合せ　ＴＥＬ：0288-22-1525（日光市観光協会）
■交　通　今市ICより国道121号～県道23号を経由して約1時間

川俣ダムより望む瀬戸合峡

ダイナミックな渓谷美と色鮮やかな紅葉を

鬼怒川の上流部（旧栗山村）の野門橋から川俣湖まで、約2kmにわたって高さ100m以上の絶壁が続く。県道23号（川俣温泉川治線）は、新しいトンネルができて、一部の旧道は通れなくなったが、ダム上の駐車場からダムサイトに下りて、岸壁が続く渓谷にかかる"渡らっしゃい吊橋"まで歩道が整備され、スリル満点の峡谷の紅葉美が楽しめる。また、旧道の見晴らし台やその先からも峡谷全体が見渡せる。

紅葉豆知識　その4
紅葉する代表的な樹木はカエデ類だが、他にもツツジの仲間が色鮮やかに変化する。県内には実に多くの種類が自生し、アカヤシオ、シロヤシオ、トウゴクミツバツツジを代表に、いずれも赤～オレンジ色に紅葉する。

カメラ上達法指南
コツとポイント　川俣ダムの上から正面に吊橋と峡谷を望む。午前中は逆光になるが、明暗のコントラストがついて面白い。旧道の展望台や車道からも絶景が望める。

旧道より望む瀬戸合峡

川俣湖

モデルコース

1	川俣ダムP
	0:10
2	ダムサイト
	0:30
3	渡らっしゃい吊橋
	0:50
1	川俣ダムP

駐車場から舗装された道を下り、ダム資料館の中を通ってダムサイトに行ける。ダムの上を歩き、川俣湖と吊橋のかかる峡谷の大迫力の光景を望める。吊橋へは管理事務所の脇を下り、再び登り返すと丘の上に出て、目の前に吊り橋がかかる。足のすくむほどの高さなので高所が苦手な人は引き返した方がよい。また、旧道は眺めはよいが、道路幅が狭いので車の運転は注意したい。

瀬戸合峡歩道入口

天使の鐘

近くの紅葉名所

瀬戸合峡より下流の若間地区に蛇王ノ滝がある。対岸の道路沿いから見られ、蛇のように流れ落ちる。高さ約40mの岸壁は紅葉に彩られる。県道23号で約20分。

125

秋 あき 那須塩原市

塩原渓谷 那須塩原市
しおばらけいこく
● 紅葉を見に行こう

見頃時期…10月下旬～11月中旬　ハイキング　歩行時間…約1時間30分　★★☆

■問合せ　ＴＥＬ：0287-32-4000（塩原温泉観光協会）
■交　通　西那須野塩原ICより国道400号で約20分

紅の吊橋周辺の紅葉

温泉街との組み合わせも粋な紅葉散策

箒川の清流に沿って10数kmの美しい渓谷が続き、70余もの滝が流れ落ち、渓流を望む吊橋も数多くかかる。そして、11の名湯があるのも大きな魅力である。渓谷沿いには下流のもみじ公園から上流の木の葉公園まで遊歩道が各所に整備されているが、全部歩くとなると大変である。ここでは紅葉の名所"紅の吊橋"を中心に、門前～古町の温泉郷と渓流沿いを一周するコースを紹介する。

紅葉豆知識 その5
ツツジ類の中で、ドウダンツツジの仲間も鮮やかに紅葉する。枝先に5～7枚の葉がつくのが特徴で、県内ではサラサドウダンが多く自生する。公園や庭にはドウダンツツジがよく植栽される。

カメラ上達法指南
コツとポイント
塩原渓谷は下流のもみじ大吊橋から上流までいくつもの絶景ポイントがあるが、紅の吊橋付近にモミジが多く、手軽に紅葉が楽しめる。日が入れば川の流れも色づく。

126

逆光に映える渓谷の紅葉

紅の吊橋

モデルコース

1	門前交流広場P	
	0：05	
2	妙雲寺	
	0：15	
3	紅の吊橋	
	0：20	
4	源三窟	
	0：20	
5	塩原もの語り館	
	0：20	
6	湯っ歩の里	
	0：10	
1	門前交流広場P	

交流広場からボタンの花で有名な妙雲寺はすぐ隣り。温泉街にいったん出て、橋の手前を渓谷沿いに林の中を進む。紅葉の美しい中、露天のもみじの湯もあり、紅の吊橋を渡る。さらに渓流沿いに紅葉の美しい歩道があり、源三窟付近で折り返し、古町温泉街をもの語り館まで戻る。館内には観光協会、レストランなどがあり、紅の吊橋の眺めが良い。再び渓流沿いに進み、門前で対岸に渡り"湯っ歩の里"（有料）の足湯で疲れを癒し、交流広場の駐車場へ戻る。

川沿いの露天風呂

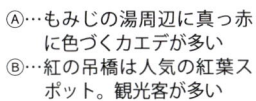

Ⓐ…もみじの湯周辺に真っ赤に色づくカエデが多い
Ⓑ…紅の吊橋は人気の紅葉スポット。観光客が多い
Ⓒ…歩道から箒川の流れと対岸の紅葉が美しい

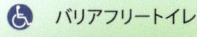

🚶 道標
🚻 男女別トイレ
♿ バリアフリートイレ
🅿 駐車場
▬▬ 車道
▬▬ 歩道
▬▬ コース
▬▬ 車道を歩くコース

温泉街を走るトテ馬車

近くの紅葉名所

下流の"回顧の吊橋"も人気の紅葉名所。墓石園地に駐車して急坂を10分程下ると吊橋、対岸を少し登った場所に回顧の滝展望台がある。渓谷を離れて日塩もみじラインに入り、高原山の中腹に大沼公園がある。湿原と大沼を一周する木道が整備され、静かな紅葉狩りが楽しめる。

127

秋 あき　日光市

龍王峡（りゅうおうきょう）　日光市藤原
●紅葉を見に行こう

見頃時期…10月下旬～11月上旬　**ハイキング**　歩行時間…約1時間30分　★★☆

■問合せ　ＴＥＬ：0288-22-1525（日光市観光協会）
■交　通　今市ICより国道121号で約20分

峡谷の紅葉

岩石と水流と、美しい紅葉景色

鬼怒川温泉と川治温泉のほぼ中間点、鬼怒川の両岸、約3kmにわたって奇岩怪岩の渓谷が続く龍王峡がある。"岩と水の公園"とも呼ばれ、岩は古い時代にできた安山岩や流紋岩、緑色凝灰岩などから成り、紅葉時は特に美しい景観となる。渓谷には川治温泉までハイキングコースが整備されているが、全コース片道約3時間かかるので、虹見橋～むささび橋を一周する人気のコースを紹介する。

紅葉豆知識 その6
山の中でカエデ、ツツジと並んで紅葉が美しいのがヤマウルシである。道路沿いの日当たりのよい斜面でよく見かけ、一番早く紅葉が始まる。ただし、樹液が肌につくとかぶれるので注意。

カメラ上達法指南
コツとポイント
撮影ポイントは虹見橋とむささび橋の上から。岩の造形美と蛇行する川の流れ、山の斜面を彩る紅葉の組み合わせが絵になる。

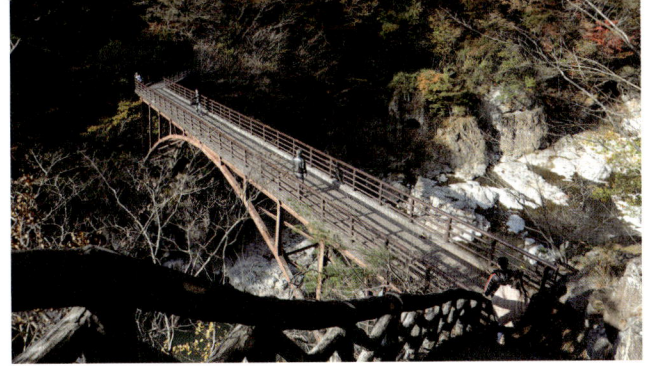

虹見橋

モデルコース

1	龍王峡駅前P
	0:10
2	虹見橋
	0:30
3	むささび橋
	0:30
4	竪琴の滝
	0:20
1	龍王峡駅前P

土産店の並ぶ裏側を進み、いきなり九十九折の急な石段を下る。五龍王神社に立寄り、虹見の滝を眺めてから虹見橋へ下りる。橋の上から渓谷美を十分に楽しみ対岸に渡る。むささび橋までは多少の上り下りはあるが、危険箇所はない。むささび橋を渡ると茶屋があるのでひと休み。帰りは春にミズバショウの咲く湿地を通り、竪琴の滝を見て、急な石段をゆっくり登って駐車場へ戻る。

ⓐ…169段の石段を下る。ゆっくりと
ⓑ…晴れた日に太陽の光が当たると虹がかかる
ⓒ…橋の上からは上流、下流両方の眺めが良い
ⓓ…途中、岩場から渓谷が眺められる
ⓔ…橋を渡って休憩所があり、川治温泉方面へは茶屋の横を進む

むささび橋からの渓谷

虹見ノ滝

近くの紅葉名所

龍王峡から高原山経由で塩原温泉へ抜ける道に日塩もみじライン(有料道路)がある。名の通り、道路沿線に多くのモミジが植えられ、紅葉時は快適なドライブが楽しめる。

日塩もみじライン

秋 あき　鹿沼市

大芦渓谷　鹿沼市草久
おおあしけいこく

● 紅葉を見に行こう

見頃時期…10月下旬～11月中旬　　散　歩　　歩行時間…1時間以内　★☆☆

■問合せ　　ＴＥＬ：0289-60-2507（鹿沼市観光物産協会）
■交　通　　鹿沼ICより国道121号～県道14号を経由して約50分

白井平橋からの紅葉　　　　　　　　　　　大滝

おだやかな秋の日、風情ある紅葉を

鹿沼市北西部の山間地に県内有数の清流"大芦川"が流れ、古峯神社の一の鳥居から右へ入ったところが、大芦渓谷である。自然豊かな渓谷で、白井平周辺には渓谷沿いにカエデの大木が多く、秋の紅葉時期が人気のスポットである。白井平橋の上から紅葉と渓谷を見下ろすのも良いし、河原に下りて紅葉を見上げるのも美しい。

近くの紅葉名所

大芦渓谷には大小20もの滝があり、中でもシンボル的な滝が"大滝"である。白井平から林道をさらに奥へ車で10分ほど入ったところにあり、高さは15m、周辺は自然林が残り、紅葉時期は特に美しい。

紅葉豆知識 その7

カエデ類の中で低山に自生する代表種はイロハモミジ、別名タカオカエデ、イロハカエデ。これを改良した園芸品種も数多くあり、公園や庭にもふつうに植栽されている。

カメラ上達法指南

コツとポイント

近年、紅葉の撮影スポットとして人気が高い。モミジの古木があり、橋の上からも下からも絵になる。晴れた日には橋の下の渓流に紅葉が映り込む。

蓬莱山 佐野市作原町
紅葉を見に行こう

秋　佐野市

見頃時期…11月中旬～下旬　　散　歩　歩行時間…1時間以内　★☆☆

■問合せ　ＴＥＬ：0283-21-5111（佐野市観光協会）
■交　通　田沼ICより県道201号で約40分

渓流の紅葉

蓬莱山神社

渓流に映る紅葉

川面に映る、光とカエデのハーモニー

旧田沼町の北部、大戸川源流域にあり、約1200年前、勝道上人によって開かれ、一大霊場となったところである。周辺の渓流沿いにはカエデの大木が残り、赤や黄色に鮮やかに彩る。ここは写真愛好家に特に人気で、晴れた日、紅葉したカエデに日が当たると、渓流の水面に鮮やかに映るのが美しい。ただし、駐車場は狭く、紅葉時期は特に混雑するので注意。

近くの紅葉名所

佐野市では市街地近くにある唐沢山が紅葉の名所である。山頂に山城跡があり、多くの史跡も残る。唐沢神社参道付近にカエデの大木が多くある。山上まで車で行けるので、気軽に散策が楽しめる。

紅葉豆知識 その8

公園や街路樹として植栽されるカエデの中には外国産も多い。代表種は中国原産のトウカエデで黄色～赤色まで変化多い。カナダ国旗デザインは北米産のサトウカエデである。

カメラ上達法指南

コツとポイント　一番の魅力は渓流のよどみに映る幻想的な紅葉。晴れた日の午前8時30分頃から映り始まり、刻々と変化する。ただし、場所が狭いので足元に注意し、撮影者同士、譲り合おう。

とちぎ花ハイキング
INDEX

散　歩
歩行時間…おおむね1時間以内　公園・市街等　★☆☆

季節	花	場所	地域	頁
春	ロウバイ	蝋梅の里	鹿沼市上永野	12
	フクジュソウ	大山田下郷	那珂川町大山田下郷	13
	サクラ	宇都宮市内各所	宇都宮市	28
		古賀志山麓	宇都宮市古賀志町	29
		天平の丘公園	下野市国分寺	32
		つがの里	栃木市都賀町臼久保	33
		思川堤	小山市	36
		日光市内桜名木	日光市稲荷町〜御幸町	37
	チューリップ	那須フラワーワールド	那須町豊原丙	40
		とちぎわんぱく公園	壬生町国谷	42
	シバザクラ	芝ざくら公園	市貝町見上	43
	フジ	あしかがフラワーパーク	足利市迫間町	44
夏	バラ	井頭公園	真岡市下籠谷	74
	ハナショウブ	古峯園	鹿沼市草久	75
	クリンソウ	上三依水生植物園	日光市上三依	84
	ニッコウキスゲ	うつのみや遺跡の広場	宇都宮市上欠町	92
	ヤマユリ	那須街道アカマツ林	那須町高久甲	93
	ユリ	ハンターマウンテンゆりパーク	那須塩原市湯本塩原	94
	ヒマワリ	野木	野木町野木	106
		益子	益子町上山	107
秋	オミナエシ	花之江の郷	栃木市都賀町大柿	110
	ホテイアオイ	大平町の水田	栃木市大平町川連	112
	シュウカイドウ	出流ふれあいの森	栃木市出流町	113
	ヒガンバナ	みのざわ彼岸花の里	那須町蓑沢	114
		常楽寺	鹿沼市下粕尾	115
	コスモス	鬼怒グリーンパーク	高根沢町宝積寺	116
	紅葉	大芦渓谷	鹿沼市草久	130
		蓬莱山	佐野市作原町	131

ハイキング
歩行時間…おおむね3時間以内　軽登山・山歩き　★★☆

季節	花	場所	地域	頁
春	セツブンソウ	星野	栃木市星野町	10
	ウメ	西渓園	足利市西宮町	14
	イワウチワ	富山	那珂川町富山	16
	カタクリ	万葉自然公園かたくりの里	佐野市町谷町	18
		みかも山公園	栃木市岩舟下下津原	20
		カタクリ山公園	那珂川町三輪	22
	モモ・ツバキ	栃木植物園大柿花山	栃木市都賀町大柿	24

132

● 散歩・ハイキング・登山のレベルはあくまで目安です。個人の経験・体力・季節によって変わります。個人の責任で安全な計画で楽しみましょう。
● 花の開花期は気候・天候により変わります。

春	ハナモモ・サクラ・レンギョウ	花の山	茂木町小山	26
	サクラ	清水寺〜晃石山	栃木市大平町西山田	30
		鎌倉山	茂木町九石	34
		日の出平	那須町	38
	ボタン	芭蕉の里・黒羽	大田原市前田〜黒羽田町	46
	アカヤシオ	明智平	日光市細尾町	48
		月山	日光市佐下部	50
	シロヤシオ	中ノ大倉尾根	那須町	54
	トウゴクミツバツツジ	中禅寺湖畔	日光市	58
		那須平成の森	那須町高久丙	60
		横根山	鹿沼市上粕尾	62
	ヤマツツジ	霧降高原つつじが丘	日光市所野	64
		八幡つつじ園地	那須町湯本	66
	レンゲツツジ	八方ヶ原	矢板市伊佐野	68
	アズマシャクナゲ	湯ノ湖	日光市湯元	70
夏	ズミ・ワタスゲ	戦場ヶ原〜光徳沼	日光市	76
	アヤメ・ノハナショウブ	小田代原	日光市	78
	アジサイ	太平山あじさい坂	栃木市平井町	80
	クリンソウ	千手ヶ浜	日光市	82
	ニッコウキスゲ	霧降高原キスゲ平	日光市所野	88
		沼ッ原湿原	那須塩原市板室	90
	ホザキシモツケ	戦場ヶ原〜小田代原	日光市	96
	コキンレイカ	南月山	那須町	102
秋	紅葉	半月山〜中禅寺湖	日光市	120
		西ノ湖〜中禅寺湖	日光市	122
		瀬戸合峡	日光市川俣	124
		塩原渓谷	那須塩原市	126
		龍王峡	日光市藤原	128

登 山

歩行時間…3時間以上　クサリ場・ガレ場あり　★★★

春	アカヤシオ	石裂山	鹿沼市上久我	52
	シロヤシオ	社山	日光市	56
夏	コウシンソウ	庚申山	日光市足尾町	86
	コバイケイソウ	鬼怒沼	日光市川俣	98
	キンコウカ	田代山	日光市・南会津町	100
	ハンゴンソウ	日光白根山	日光市	104
秋	紅葉	朝日岳〜姥ケ平	那須町	118

ハイキング7訓

1 時間に余裕を持った計画・行動
植物観察や写真撮影をしていると、コースタイムの倍くらいの時間がかかる。休憩時間も含めた余裕ある計画・行動を。また、登山、ハイキングでは出発前に計画書の提出を忘れずに。

2 ビスターリ　道は一歩一歩踏みしめて
歩くのに疲れないコツは、ゆっくり歩くこと。周りの自然を観察しながら急がずに。なお、"ビスターリ"とはネパール語で"ゆっくり"の意味。

3 無理せず、引き返すのもひとつの勇気
コース途中で疲れきってしまったり、天気が雷などで急変したときは、絶対に無理な行動はしないこと。再度チャレンジすればよい。

4 現地、季節に合わせた服装・装備を
特に山に登るときは、保温性と速乾性を重視する。雨具も必須。ザックは背負えるものを。靴は基本的に滑りにくく、履き慣れたものを。

5 水分・エネルギーの補給はこまめに
水は一度に多量に飲まず、少しずつこまめに。夏期は塩分補給も忘れずに。好みの非常食も忘れずに。

6 花は現地で見るもの。採取絶対禁止
山や野に咲く花は自然の中で咲いてこそ美しいもの。楽しい想い出は、写真で撮るなりしておさめよう。

7 ハイカーとしてのマナー厳守
ゴミの持ち帰り、コース外は立ち入らず（特に湿原）、狭い場所での譲り合い（山では基本、登り優先）、違法駐車禁止…。これらはハイカーとしての最低限のマナーである。

著者紹介

小杉国夫（こすぎ・くにお）

1956年栃木県生まれ、現在住。
宇都宮大学農学部卒業後、出版社勤務。1990年よりフリーの写真家として、関東、東北地方の主に花と風景を撮影。
日本写真家協会（JPS）会員。

著書
「栃木の花」（下野新聞社）
「日光の花」（下野新聞社）
「北関東自動車道で行く　群馬・栃木・茨城　花の旅」（下野新聞社）
「東北花の旅」（山と渓谷社）
「北関の桜」（下野新聞社）
「栃木の紅葉」（下野新聞社）
ほか多数。

とちぎ 花ハイキング

2015年3月30日　初版発行
2020年8月 3日　 2版発行

写真・文　小杉国夫

編　集　嶋田一雄
　　　　桑原純子
デザイン　高根澤昭男（CUBE）
発　行　下野新聞社
　　　　〒320-8686 栃木県宇都宮市昭和1-8-11
　　　　TEL　028-625-1135（編集出版部）
　　　　FAX　028-625-9619
印　刷　晃南印刷株式会社

定価はカバー裏に表示してあります。
落丁・乱丁本は送料小社負担にてお取り替えいたします。
本書の無断転写・複製・転載を禁じます。

©Kunio Kosugi 2015 Printed in Japan
ISBN978-4-88286-569-8

小杉国夫の本

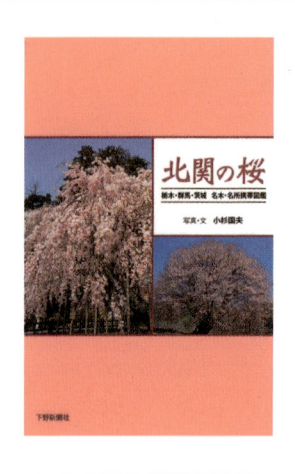

北関の桜
栃木・群馬・茨城　名木・名所携帯図鑑
小杉国夫　写真・文

本体 1,000 円＋税
B6 判変型・並製・128 頁・オールカラー
ISBN978-4-88286-488-2

桜は日本人にとって何より親しみ、愛されている花です。とりわけ樹齢何百年といわれる名木、古木は人を魅了してやみません。北関東各地に点在する名桜と名所を「シダレザクラ」「エドヒガン」「ヤマザクラ他」に分け、さらに「公園・並木」も加え 90 か所を紹介します。

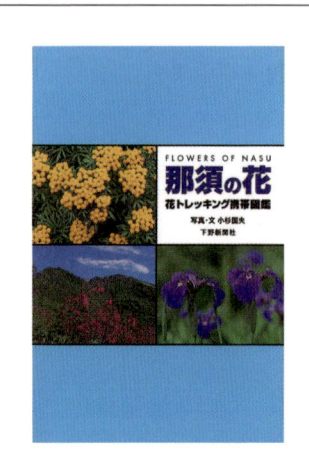

那須の花
花トレッキング携帯図鑑
小杉国夫　写真・文

本体 1,000 円＋税
B6 判変型・並製・120 頁・オールカラー
ISBN4-88286-206-9

登山・ハイキングブームに乗り、訪れる人が絶えない那須の山々に自生する植物を、季節ごとに分類し詳しく解説した植物図鑑です。花期、大きさはもちろん学術名まで記載。ポケットサイズで、ハイキングに持ち運びながら植物の勉強ができる優れもののガイドブックです。